区域文化与传播丛书 | 丛书主编　商娜红

铜鼓文化与现代设计

Bronze Drum Culture and Modern Design

贾朝红　张茹　编著

复旦大学出版社

参与编著

邹航英　陈俊良　冯　帆　贾　帅　李淑兰
王　洁　汪凯中　吴容娟　朱健雄　张　暄

丛 书 序

文化是人类社会特有的现象,作为一个内涵极富张力的词汇,英国人类学家泰勒(Tylor)给出了这样的描述,文化是"包括知识、信仰、艺术、道德、法律、风俗等的复合体"。这不仅界定了文化的内核,也开启了文化研究的另一种范式。

综观人类社会发展的历史,毫无疑问,文化所展现的导向作用、调控作用、凝聚作用和驱动作用无与伦比。党的十七届六中全会指出,"文化越来越成为民族凝聚力和创造力的重要源泉、越来越成为综合国力竞争的重要因素、越来越成为经济社会发展的重要支撑"。正如联合国教科文组织所下的断言,"发展最终应以文化概念来定义,文化的繁荣是发展的最高目标"。

当前,地处祖国西南的民族自治区——广西——正以文化改革创新为引擎,加快建设文化强区。经济发展新常态之下,广西之于国家的定位是——建设面向东盟的国际大通道,打造西南中南开放发展新的战略支点,形成21世纪海上丝绸之路与丝绸之路经济带有机衔接的重要门户。"国际通道、战略支点、重要门户"的"三大定位",注定广西在"内区域"和"外区域"的发展上大有可为,为广西文化强区建设引入更加开放的视角。

与国内发达地区相比,广西文化发展存在严重滞后、优势不显、赶超压力大等问题,不管是文化软实力的提升还是文化产业的发展都必然面临着比国内发达地区更大的困难。但同时,广西文化发展也有潜力大、后劲足等优势,近年来尤其发展迅速。作为有着沿海沿江沿边"三区统筹"格局的少数民族自治区,广西有着得天独厚的区域文化资源优势——民族文化多姿多彩,边关文化风情浓郁,生态文化清丽独特,山水文化得天独厚,民间文化资源专有富足,海洋文化恢宏开放,历史文化遗存开发潜力高,这些为广西建设民族文化强区奠定了重要后发优势。

广西各地的民间风俗和文化与东盟各国有很多相似甚至相同之处,广西一直以来都很重视与东盟的文化交流合作,以文化与东盟相牵手。特别是近十年来,广西紧紧抓住中国-东盟博览会永久落户南宁、中国-东盟自由贸易区如期建成和《广西北部湾经济区发展规划》全面实施的契机,结合广西实际积极开展全方位、多层次、广覆盖的对外文化交流活动,成为中国文化走向东盟的前沿窗口。广西通过打造文化外宣品牌、建立创新型交流载体、建设开拓性对外文化贸易品牌、扩大文化外交的成果,让广西成为中国文化走向东盟的前沿窗口、成为中国-东盟进行文化交流合作的聚集区、成为中华文化走向东盟的主力军和生力军,为建设具有广西气派、壮乡风格、时代特征、开放包容的广西文化作出贡献。

广西与东盟各国文化产业整合发展的空间也很大,在中国与东盟的合作框架下,把区域文化资源潜力转化为产业实力,不仅可以更好地保护各自的区域传统文化,而且能够更有效地承继、发展和创新民族传统文化,促进区域内文化产业的国际化发展。广西与东盟的区域文化传承创新也必须在中国-东盟文化交流合作框架下从"通道"向"战略支点"转型升级,把广西建设成为面向东盟开放合作的区域文化中心。推动广西与东盟区域文化发展繁荣,形成区域文化建设前景谋划与交流、区域文化资源共同开发与利用、区域文化市场共同开拓与繁荣等机制,实现区域文化事业共同推进、区域文化内涵共同提升、区域文化产业共同发展等目标,提升广西在中国-东盟文化合作交流中的影响力。

广西与东盟区域文化交流合作也有助实施"一带一路"战略构想。文化交流与合作有助于促进广西与东盟国家不同文明的发展。"古丝绸之路既是一条通商互信之路、经济合作之路,也是一条文化交流之路、文明对话之路。"无论是古丝绸之路,还是海上丝绸之路的形成,都源自不同民族的人们对文化交流交融的向往与参与,更需要依托于促进文化艺术取长补短、商贸活动热络开展、不同文明交流合作的重要平台。在建设"一带一路"尤其"21世纪海上丝绸之路"的进程中,广西坚持文化先行,通过进一步深化与东南亚国家的文化交流,促进区域合作,实现共同发展,让命运共同体意识在沿线国家落地生根。

广西正处于赶超跨越的关键期与转型发展的攻坚期,大力推动广西文化特色研究以及文化产业发展,不断提升广西与东盟区域文化研究的品位,用文化研究的学术积累来丰富和发展广西文化品牌的内涵,提升广西文化软实力的影响正当其时。着力打造广西文化强区,使文化软实力提升成为广西经济社会发展的硬支撑,这既是建设文化强区的重要任务,又是实现发达广西战略的重要保障。

近年来,广西大学人文社会学科积极对接广西经济社会发展重大需求，围绕广西民族文化、东盟国家文化以及广西与东盟区域文化交流等领域展开研究，使高校服务社会、推进区域文化的传承创新相互融合、彼此促进，成效显著。特别是立足广西独特的区位和资源等优势，加强中国与东盟区域文化传承创新与交流研究，不断提升学校人文社会学科的实力和水平。本丛书定名为"区域文化与传播"的意义即在于此。总体上说，该套丛书中的研究成果主要包括三个方面：一是广西地方特色文化研究，如《桂南前戏剧形态"跳岭头"研究》《壮族民俗文化双语平行语料库》《铜鼓文化与现代设计》《沿海跨境合作的文化动力——来自北部湾及粤港澳湾区的例证》等；二是东盟国家文化研究，如《马来西亚大伯公庙建筑文化研究》《菲律宾〈世界日报〉研究》等；三是中国-东盟文化交流与合作研究，如《兰那——中国东南亚壮泰族群的稻与家屋文化研究》等。此外，丛书还涉及文化产业、传媒经济等领域的研究，可谓题材丰富，选题精准，既有理论性又有现实性，有些成果展现了一定的研究深度和探索色彩。从某种意义上说，丛书不仅呈现了区域文化传播和研究的新进展，也反映了广西大学部分人文社会科学学科建设与发展的新成果。

最后，作为广西大学"211 四期"区域文化传承创新与交流研究学科群负责人，我谨向所有为本丛书付出辛勤劳动的人士致以衷心谢意！同时，我代表丛书全体作者，热切期待广大读者的批评指正。

是为序。

商娜红

2015 年 10 月于南宁

前　言

广西是以壮族为主体的少数民族自治区,也是全国少数民族人口最多的省(区)。境内居住着壮、汉、瑶等12个世居民族,境内其他44个少数民族均有居住。地域之广阔,民族之众多,在全国也名列前茅。

广西的这种民族地域特征注定了广西的文化是丰富多彩的,其中驰名中外的要数广西的铜鼓文化。广西铜鼓文化是中国西南少数民族先民的生产生活、民族习俗、图腾崇拜、价值观念等方面的真实写照。当全国兴起一股传统文化研究热潮时,研究铜鼓的人数也有所增加。本书主要从以下几个章节循序渐进地来阐述问题:第一章,铜鼓文化概述;第二章,铜鼓文化的传承;第三章,现代设计概述;第四章,现代设计的发展趋势;第五章,铜鼓文化与现代设计的结合;第六章,铜鼓造型符号设计原理;第七章,铜鼓造型在现代设计中的运用方法;第八章,铜鼓造型设计产品市场开发。书中主要论述和研究了铜鼓文化与现代设计的关系,以铜鼓造型符号在现实生活中的信息传播和交流为启示,分析了铜鼓造型美学内涵和隐喻的价值,剖析了现代设计的发展与原则,并结合其现代设计领域中的设计应用法则,论证了现代设计运用铜鼓造型特征进行设计的可行性。传统文化设计应用的基础是对其形态及隐喻的多义性进行详细的剖析和研究,只有这样才能让传统文化与现代设计的结合具有逻辑性和合理性,才能达到传承传统文化的目的。

编 者

2015年4月

目 录

前 言 / 1

第一章 铜鼓文化概述 / 1
　1.1 铜鼓文化的起源 / 1
　1.2 铜鼓文化的分布 / 3
　1.3 铜鼓文化的内容 / 7
　1.4 铜鼓文化的含义 / 10
　1.5 铜鼓造型的主要特征 / 15

第二章 铜鼓文化的传承 / 21
　2.1 铜鼓文化传承的现状 / 21
　2.2 铜鼓文化传承的载体 / 23
　2.3 铜鼓文化传承的意义 / 27
　2.4 铜鼓文化传承的未来与展望 / 29

第三章　现代设计概述 / 32

    3.1　设计的内涵 / 32

    3.2　现代设计的含义 / 33

    3.3　现代设计发展史 / 34

    3.4　现代设计的主要类别 / 47

    3.5　现代设计原则 / 56

    3.6　现代设计方法概述 / 59

第四章　现代设计的发展趋势 / 61

    4.1　我国现代设计概述 / 61

    4.2　走向未来的设计 / 64

    4.3　传统文化的设计传承与发展 / 77

第五章　铜鼓文化与现代设计的结合 / 89

    5.1　民族文化与现代设计的联系 / 89

    5.2　民族图形的造型方法 / 93

    5.3　民族图形的构成原理 / 98

    5.4　民族文化与现代设计相结合的可行性 / 103

    5.5　铜鼓文化在现代设计中运用的意义 / 109

第六章　铜鼓造型符号设计原理 / 117

    6.1　铜鼓符号的文化内涵 / 117

    6.2　铜鼓形态的审美内涵 / 121

    6.3　铜鼓造型符号的提炼 / 128

第七章　铜鼓造型在现代设计中的运用方法 / 136

　　7.1　在视觉传达设计中的应用 / 137

　　7.2　在工业产品设计中的应用 / 148

　　7.3　在环境艺术中的设计运用 / 153

第八章　铜鼓造型设计产品市场开发 / 165

　　8.1　加大铜鼓造型设计开发 / 165

　　8.2　开拓铜鼓造型与产品设计的新市场 / 170

　　8.3　加强铜鼓造型设计产品的市场营销 / 182

　　8.4　注重铜鼓产品的市场信息反馈 / 191

参考文献 / 197

附图一　铜鼓造型艺术 / 199

附图二　铜鼓元素设计作品欣赏 / 227

第一章 铜鼓文化概述

几千年以来,在中国,乃至东南亚的广阔地区,关于铜鼓的流传非常广。在先民的心目中铜鼓不仅仅是一种乐器,更是被视为集各种功能和审美于一身的珍贵器物和礼器(如图1-1)。

图1-1 珍贵的铜鼓

1.1 铜鼓文化的起源

铜鼓在春秋时期就已经出现,关于它的起源地,说法不一。

有人认为铜鼓起源于中国云南,以早期的铜鼓青铜冶铸技术方面去考察,云南中部地区具有铸造铜鼓的地理资源条件,这里很早就有人类生活,同时资源丰富,盛产铜、锡、铅等矿产,有丰富的水力资源。据说在春秋战国时期，云南中部已有发达的青铜冶铸技术及青铜文化，能够铸造出复杂的青铜容器，符合铸造铜鼓必备的技术条件。在云南楚雄万家坝的西周至春秋时代的墓葬中出土了一批最早的铜鼓，证明了铜鼓起源于云南中部之说。

也有人认为铜鼓发端于柬埔寨或印度，1932年，法国学者戈鹭波在《金属鼓的起源及流布》一书中提出，铜鼓起源于越南北部，其后，越南史学家陶维英对此观点做了进一步阐述，他认为铜鼓在越南北部分布广泛的时期，约相当于中国战国至东汉初期，其铸成的铜鼓是世上最古老的铜鼓，进而认为越南是铜鼓的故乡。最后均因证据不足，未能获得多数学者的赞同。

大多数人支持铜鼓起源于我国珠江流域这一说法。人们认为随着珠江流域生产力增强，社会的发展进步，大约从商末开始，人们就丢弃了原来已使用了数十万年的石器，进入了并不发达的青铜文化时代。在三四千年前，古越人就用自己的双手，铸造出了色彩斑斓、风格独特的各种青铜器件，特别是铜鼓。精湛的技艺、丰富的民族文化内涵底蕴，在我国青铜文化史上乃至在全世界都令人叹服。著名民族史学家徐松石在他的著作《百越雄风，岭南铜鼓》中，就曾提到过珠江流域铜鼓地位之显赫的观点，他认为虽然北方华夏族在商代已掌握了铜鼓冶铸技术，但在青铜文化中的地位，却远远不及南方古越人所创造的铜鼓，并且认为，我国南方铜鼓文化的影响力甚至波及我国邻近的东南亚地区，那里出土的铜鼓也是由我国西南地区传播出去的。由于这种观点，所以在历史上一直有"北鼎南鼓"的说法。

在我国广西拥有最多的古代铜鼓，堪称"铜鼓大本营"。在广西有关铜鼓的历史资料极为丰富，种类齐全、数量之多堪称世界第一。从各种大体积、铸造精美的铜鼓，到小而简单独具特色的铜鼓，一应俱全。这充分体现了中华民族古代文化的丰富多彩，也体现了广西古代民族伟大的创造力，从另一个侧面反映了少数民族的历史文化面貌。如图1-2，就是广西出土的铜鼓。

图1-2　广西铜鼓

1.2　铜鼓文化的分布

1.2.1　铜鼓文化的分布

铜鼓类型复杂众多，我国古代铜鼓主要分布于南方。南方的铜鼓，最早出现于云南楚雄，后又北向四川，南向缅甸、泰国，东向贵州，东南向广西、越南以及东南亚等地传播。所以广西的铜鼓除了当地的形式以外，还有来自云南、贵州的式样，而广东铜鼓又属广西北流式和灵山式，是从广西传播去的，如此形成铜鼓文化从珠江上源向中下游传播的历史过程。

南方的铜鼓又分两大系别，称滇系和粤系。

滇系的铜鼓（如图1-3）分布在南盘江、北盘江、红河水、柳江、漓江等流域，包括广西中部、北部、西部和西南部，以及云南、贵

图1-3 滇系铜鼓

图1-4 粤系铜鼓

州和广西接壤地区。这类铜鼓主要特征是鼓面较小,胸部膨胀凸出,腰部又收缩明显,鼓面中央不隆起并且较大,有光芒较长的太阳纹,鼓面、鼓身有晕,并且比较宽大。晚期的铜鼓纹饰简洁而粗略,纹饰素材包括野兽、水波、人物、花草、翔鹭、舞蹈、划船等26种以上,晚期的铜鼓鼓面边缘部分还装饰有蟾蜍、骑士、牛拉铁犁、龟、母子马等立像,形神俱备。1976年在广西贵县罗泊湾西汉墓葬中出土的一面此类铜鼓,沉睡地下二千多年,花纹非常精美,器物表面仍光亮如新,堪为铜鼓中极品,当时,古越人虽无文字,但铜鼓造型纹饰比文字更形象、生动地反映了他们的生活、理想和追求。

粤系铜鼓(如图1-4)主要分布在广西东部和广东西部,包括黔江、浔江和广东西江地区,地理上相连成片。这类铜鼓的主要特征是鼓面大于鼓胸,胸部不甚突出,胸以下逐渐收缩成腰,胸部与腰部之间有一条圆匝分界线,体积大而沉重,鼓面中央有隆起,有光芒短的太阳纹,各晕圈间距相差不大。纹饰素材包括云、雷、兽、虫等15种以上,鼓面边缘主要饰以水鸭、骑人的双马等纹饰,也有的在铜鼓脚边饰以立体小鸟,这些纹饰,细致繁缛、朴实无华。在这类铜鼓中尤其是北流式铜鼓,体形特别高大、厚重、古朴,北流县出土的一面宋代大铜鼓,面径165厘米,高65厘米,重300公斤,可当睡床使用,为国内外罕见。一千多年以前岭南土族居民竟能铸造体形如此硕大、工艺如此精湛、文化内涵如此丰富的铜鼓,他们惊人的创造力和高度的智慧令人惊叹。

1.2.2 铜鼓文化分布的特点

1.2.2.1 沿河分布特点

远古时期的人们习惯逐水而居,人们使用的铜鼓自然也是沿河分布。一些小型溪流由于资源有限,能容纳的人口也有较大限制,因此,其产生的文化趋于原始和粗糙,其铜鼓制作艺术也并不先进,处于比较原始的形式,如万家坝型铜鼓。在一些两河交界或大河流域,由于具有丰富的水资源和生物资源,能容下大量的人口,人们聚集繁衍并形成人类社会,产生较为复杂的文化,由此而形成的铜鼓也有着精细的特点,如石寨山型铜鼓(如图1-5)。

图1-5 石寨山型铜鼓

1.2.2.2 高山分布特点

地处低洼地区的远古先民,为了躲避酷热、外族侵略等,都会将居住地定于高山或者山与山之间的山腰地带,既不必忍受高温,又能躲避严寒,是冬暖夏凉又相对安全的风水宝地,因此首选之地形成的族群数量以及规模也较大,也伴随生产和制作了大量工艺复杂、内涵深刻的铜鼓。在一些山顶地带偶尔也会分布有少量的居民,他们的居住地较为分散,彼此间也无较多接触,他们的铜鼓工艺往往比较原始粗糙,具有简易的造型(如图1-6)。

图1-6 高山分布的铜鼓造型

1.2.2.3 聚集和分散的分布特点

铜鼓文化产生的地区,从地理位置上看,呈现出大小不一的"点",均匀分散于整个地区。如果不受视域的限制移动这些点产生轨迹,这些轨迹却是有规律的,并且按一定的方向排列。从这些规律中可以看出这些点慢慢向东南方聚集,向东北方分散,具有移动聚集和移动分散的特点。

1.2.2.4 放射和散点的分布特点

古越民族沿河而居,形成带状,又有些地区水多,先民多,有些地区水少,先民少,于是呈现出河流状的放射式特点。而西南、西北地区水少，先民一般多围绕优质水源而筑，形成不等的团块状，因此出现散点式特征。这种人口分布特点就形成了铜鼓文化的不同，有的宏大大气，有的却小巧雅致。

1.3 铜鼓文化的内容

铜鼓文化是远古时代中国长江以南一直到东南亚的广阔地区的一种典型性文化代表。铜鼓是中国南方及东南亚各国古老文化的象征，也是技术传播、文化交流的缩影，它具有多种多样的功能。

1.3.1 铜鼓文化的原始内容

远古时期的民族大多怀有一种图腾观念，图腾观念是从万物有灵演化而来的。人们觉得周围一切都有神灵，并在诸物之中总有一种是与本氏族生产生活关系特别密切的事物，认为该物与自己氏族有亲缘关系，可以佑护氏族繁荣，于是在内心非常崇拜，这种崇拜使该物慢慢演化成为"图腾"。

我国壮族人民曾经崇敬的动物图腾有鳄鱼、蛇、鸟类、犬、鹿、熊、牛、犀牛、野鸡、虎、猴等，崇拜的自然界图腾有太阳、云彩、月亮、雷电、星星、雾霭、暴雨等，崇拜的植物图腾主要有森林、榕树、竹、木棉以及其他树种，其他还有怪山、怪石、怪岩、山泉、伏流、河流、深潭等。所以在铜鼓上经常会雕刻这些图腾纹饰，这些纹饰当中有太阳、彩云、雷电以及头戴羽毛的巫师，充分体现了人们对大自然的敬畏和崇拜；青蛙、水稻、牛、马等纹饰，代表了人们对风调雨顺的期

图1-7 钱纹

盼;还有代表富裕的钱纹(如图1-7);等等。这些纹饰都寄托着人们对美好生活的祈求与向往以及对图腾的崇拜。

这种对图腾的崇拜慢慢演变出祭祀活动。铜鼓最初的社会功能就是祭祀,比如祭祀太阳的活动,就是原始社会中一种非常重要的巫术礼仪活动。所以在铜鼓鼓面上多有太阳的纹饰,这些都是最初的宗教活动的痕迹。直到明清时,在贵州、湖南的一些少数民族有了疾病都不吃药,以击铜鼓、沙锣祭祀太阳,认为太阳神可以为自己消灾解病。

东南亚的古代居民的宗教信仰主要有"泛灵信仰"或"万物有灵论",这种对神的崇拜导致铜鼓纹饰以太阳纹和青蛙纹为主,前者代表对太阳神的崇拜,后者则反映了稻作居民希望风调雨顺的观念。

1.3.2 铜鼓文化原始内容的演变

在祭祀活动中,铜鼓慢慢演变成为重要的乐器。在《乐书》(如图1-8)中有这样的话:"鼓所以检乐,为群音长。"在《尸子》中也有这样的话:"钟鼓之声,怒而击之则武,忧而击之则悲,喜而击之则乐。其意变,其声亦变。"

第一章 铜鼓文化概述

图1-8 《乐书》　　　　图1-9 《太平御览》

进入阶级社会后，统治者主持祭日盛典，并赋予了自然以社会的属性，他们把太阳比作君主以神化和加强自己的统治，铜鼓逐渐褪去了神器色彩，演变成为统治者威权的象征。权力与财富往往是紧密相连的，于是铜鼓又逐渐成为财富的象征。宋代《太平御览》（如图1-9）中提到"岭南豪家则有之""有鼓者，极为豪强""到了明代，鼓声宏者为上，可易千牛，次者七八百""富人们必争重价求购，即百年不惜也""获鼓胜获十万军"等。这也是铜鼓又被称为礼器和重器的原因，也是铜鼓被用于陪葬、留在山林坟地的原因。

后来，铜鼓又演变成用来传递信息的器物。《谟木等所用》中曾写到敲打铜鼓报丧，通知友邻有人去世了。《莫卡盖用》曾经写道："传信给布道办丧事，报信给仙人知晓。"意思是说敲打铜鼓传话给布道开路，敲打铜鼓报信给仙人，告知一切闲杂人员和鬼神回避让路，让布道超度亡灵，恭送亡灵去山林祖宗坟地。

9

1.4 铜鼓文化的含义

1.4.1 反映了图腾崇拜

铜鼓在最原始的时代,其实是一种图腾的体现。图腾文化具有悠久的历史且遍布世界各地,各个民族都有自己的图腾文化。它作为人类文化中的一支基础文化力量,从原始氏族部落时代起便影响着人类的生活和社会的发展。

图腾崇拜是人与动植物同属一体的信仰产物,把与先民们生产、生活关系密切的动植物与无生物视作自己的亲族、祖先和保护神,对它们采取尊敬、爱护的态度。图腾文化对保护生态环境,保持生态平衡起到了积极的作用。图腾文化还促进了氏族内部团结、加强了氏族成员之间的凝聚力,起到了在更大范围内联合诸氏族的作用。

体现图腾文化的铜鼓文化,伴随着人类与社会的不断发展而演变。成为人们生活中的精神依托和文化需求。比如装饰在铜鼓上的蛙纹图腾,是古人对蛙的崇拜形成的图腾。龟、蛙能知天时,故视为神物。

图 1-10 铜鼓图腾现代设计运用

在铜鼓上的蛙纹有的是大蛙背小蛙,有的是大蛙中还有数只小蛙,形象生动有趣。至于翔鹭纹、十二生肖纹等,都是与农业生产有着密切关系的生物的纹饰,各种图腾到现在仍然被运用于各种设计中(如图1-10)。

1.4.2 反映先民的生活和环境

《旧唐书·地理志》这样说:"邕州、宣化州所治灌水在县北,本胖柯河,俗呼郁状江,即骆越水也,亦名温水,古骆越地也。"温水就是指南盘江,南盘江与红水河相接,因此,温水就是胖柯河,唐代叫骆越水。而划船纹和水波纹都跟温水有关。此外,鼓面中的立体骑马纹

图1-11 立体骑马纹

(如图1-11),反映了古代壮族人有骑马的习惯。广西为陆梁之地,宜于骑马,产马也多。

1.4.3 反映了先民对自然现象的崇拜

壮族人民在从事农业生产的过程中,对于阴阳雨雪的变化十分敏感,却不了解这种自然现象的发生原因,产生了"万物有灵"的观

图 1-12　太阳纹

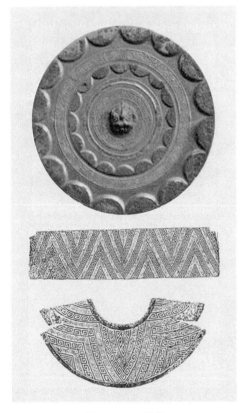

图 1-13　云雷纹

念和对自然的崇拜。比如因为农业生产对太阳的依赖,形成壮族人民对太阳的极为崇拜,新中国成立前有的壮乡人们胸前还挂着日月牌,壮族民间有关太阳与月亮的传说也相当多,故鼓面正中必有太阳装饰(如图1-12)。

由于农业生产离不开雨水,还形成了人们对雷雨的崇拜。所以在很多铜鼓上都有连续回旋形的图案,其中方形的叫雷纹,圆形的叫云纹(如图1-13)。其实在新石器时代出土的陶器上就有云雷纹的出现,在甲骨文中也可看到它的演变过程,直到商周时代开始装饰在青铜器上。壮族先民一向从事并重视农业生产,所以云雷纹的运用也非常普遍。古代壮族人民还把农历六月二十四日定为雷公的诞生日,为求雨还修建了很多雷庙。

1.4.4 反映了各民族有关的历史传说

关于铜鼓纹饰中的竹节纹就有一段传说故事,《华阳国志》(如图1-14)卷四《南中志》记载:"有竹王者,兴于遁水,有一女子浣于水滨,有三节大竹流入女子足间,推之不肯去,闻有儿声,取持归破之,得一男儿,长养有才武,遂雄夷狄氏以竹为姓。"

关于铜鼓的来历,在布依族中也有这样的传说:从前布依族老人死了,总是不能到十二层天去成仙,只能下到十二层海的地府里。天上的太白星是

图1-14 《华阳国志》

一个慈善的老人。有一晚,他驾着一朵彩云下凡来,托梦给布杰说:"凡间的老人死了,要想上十二层天去成仙,这并不难,只要你们到天上去向天神讨一面铜鼓下来,若老人死了,就敲三声铜鼓,因为只有铜鼓的声音传得远,天神听到铜鼓声,才会差仙人下凡把死者接引到十二层天去。"太白星捋了捋胡子又说:"布杰呀,你是个能人,能上天下地,你就从青龙山顶上的那棵长齐天的马桑树上爬到天上去,向天神讨一面铜鼓来吧。"第二天,布杰醒来,按照太白星的指点,爬上高高的青龙山顶,又顺着长齐天的马桑树,爬了九天九夜,周身被树枝戳了很多血眼,但他一心想得到铜鼓来超度死了的老人上天,就咬紧牙继续往上爬,又爬了三天三夜,终于爬到了南天门,守门的天兵

13

见了，正想上前阻拦，一见是捉雷公的能人布杰，就急忙闪开一条路，让他进了天庭。布杰进了天庭，一五一十地向天神说明来意，天神想试试他的孝心，就说道："你要一面铜鼓下凡去超度死了的老人上天是可以，但我要问你一件事，你若答得对，就送你，答不对，就不能给你。"布杰忙说："你问吧。"天神说："天上地下，哪个为大？"布杰听了，心想：这天神想要我奉承他，夸他为大吧？不！我不能为了得到一面铜鼓就说与良心不合的话！想罢，就一本正经地说："天上地下，爹妈为大！"天神听了，心里高兴，但故意马起脸说："你答得不对！应该数我为大！"布杰并不改口，认认真真地说："不！你再大也是爹妈所生呀。没有爹妈，你从哪里来呢？"天神听了，捋着白胡子哈哈大笑，说："看来你是个真正有孝心的人，不说假话，好！就送你一面铜鼓吧！"布杰谢了天神，背着铜鼓，高高兴兴地走出了南天门。因为过于高兴，他脚下绊着南天门门槛，一个跟斗摔到地下跌死了，铜鼓也被摔了个洞，至今，铜鼓的那个洞还保留着呢。从此，凡间便有了铜鼓，人们就敲起铜鼓把布杰超度上天成了仙。从那以后，布依族有老人死了，就敲三声铜鼓，天神就知道凡间死了人，再敲九声铜鼓，天神就差仙人下凡来接引死者上到十二层天去成仙。过了很久，每逢过大年，腊月三十和新年正月初一，一些布依族都要敲三声铜鼓，在十二层天上成仙的祖宗听到了，就知道是凡间的子孙后代请他们下凡过年，就陆陆续续地来了，由布杰领头。因为铜鼓是天神所送，又是布杰用性命换来的，所以很金贵和神圣庄严，平时不轻易乱敲，要恭恭敬敬地珍藏着。

壮族民间传说还有不少制造铜鼓的故事。广西西林县流传着布洛陀造铜鼓的传说，大意是这样的：天升高之后，太阳和月亮不能照到地面每个角落，黑暗角落就生出毒虫恶兽来伤害人畜，布洛陀为了大家的生命安全,教大家制造铜鼓。他挖三彩泥做模,用青枫木烧炼孔雀石成熔浆,把熔浆灌进泥模里,造成了铜鼓。铜鼓在人们敲打时发出像雷鸣一样的声响,吓得毒虫猛兽东跑西奔。而红水河流域的传说是这样的:布洛陀造完天地万物之后,还经常打开天门,看地上还缺什么,地上的人说,天上有那么多星星,地上没有,布洛陀就给人间造了许多铜鼓,作为地上的星星。

在使用铜鼓的各民族中,还有铜鼓可以求雨的民间传说。比如在彝族,传说铜鼓是天上居住的神人铸造的,天上下雨,公鼓应母鼓的呼唤,会飞向母鼓并互相匹配。而在水族设祭时则将铜鼓、糯谷、衣着饰及农具等做陈列品,表示托远祖的洪福能过上好日子。而苗族则在十一月二十三日,男子都会抬出镇寨的铜鼓参加新年庆典,这一习俗起源于隋唐时期。壮族人民还认为青蛙是雷王的女儿,于是把对雷王的敬畏转移到现实中的蛙身上,他们希望通过对蛙的崇拜使天上的雷王知道自己的敬畏之情,并通过在铜鼓上采用青蛙的纹饰来求得雷王的庇护,祈求风调雨顺之年。布依族用铜鼓驱邪,他们视铜鼓为神圣之物,认为自然界生老病死、风雨雷电、天灾人祸等现象都由神灵所控制,就以铜鼓祭祀神灵、消灾避邪。

1.5 铜鼓造型的主要特征

1.5.1 铜鼓造型的主要特征

雕塑品是在平面线刻、浅浮雕基础上发展起来的一种特殊雕饰,而铜鼓本身就是一件奇妙的雕塑艺术品。整个铜鼓的外形具有对称和谐之美,鼓身上段为胸,中段是腰,下段是足,腰间有两对鼓耳,面、胸、腰、足、耳浑然一体。

铜鼓装饰纹样及铜鼓造型伴随着铜鼓的演变而发展。纹饰大抵分为物像纹饰、图案纹饰两大类。物像纹饰有太阳纹、翔鹭纹、鹿纹、龙舟竞渡纹和舞蹈纹等,图案纹饰有云雷纹、圆圈纹、钱纹和席纹等。这些图像纹饰往往以重复或轮换的形象构图出现,以二方连续的形式展开,直到层层环绕排列出同心圆,表现出合理的装饰布局。纹样造型兼具抽象与写实,形成了清晰活泼的装饰艺术风格,铜鼓上的装饰具有强烈的整体艺术效果,展示了人们的审美文化意识,传递着一种古老的文化信息。

立体塑像装饰不是铜鼓一出现就有的,是后期发展成熟以后才从平面装饰中产生的。立体装饰意味着铜鼓鼓身开始出现雕塑小件。铜鼓上的装饰塑像有青蛙、马、牛、羊、鸟、龟、鱼、螺、乘骑等,这些雕塑所处的位置主要在鼓面,也有的在鼓腰下部,个别的处在鼓身内壁,生动地反映出铜鼓铸造者的精心构思和精巧技艺。立体塑像是对铜鼓平面装饰的补充和烘托,为铜鼓增添了不少的艺术效果。

铜鼓的色彩比较单一,基础颜色大概分为古铜色、金铜色、青铜色、黑色四个颜色,显示出庄重、典雅和独特的艺术风格。

铜鼓造型美观,纹饰精细,生动传神,能给人以美感,有极高的艺术价值,对现代设计也产生了深远的影响。

1.5.2　铜鼓按造型进行的分类

铜鼓按不同形制和花纹,分为八个类型:万家坝型、石寨山型、冷水冲型、遵义型、麻江型、北流型、灵山型、西盟型（如图1-15至图1-21）。无论是哪种类型的铜鼓都是形态典雅、庄重，并具有独特风格。

图1-15　万家坝型铜鼓

图1-16　石寨山型铜鼓

图 1-17　冷水冲型铜鼓

图 1-18　遵义型铜鼓

图1-19 麻江型铜鼓

图1-20 北流型铜鼓

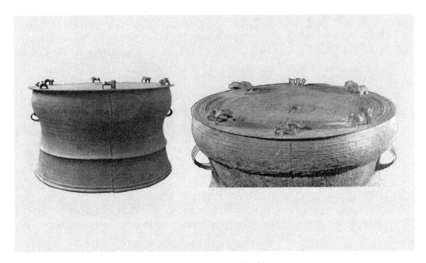

图1-21 灵山型铜鼓

图1-22 西盟型铜鼓

第二章 铜鼓文化的传承

学术界有中原地区以鼎为尊,南方则以铜鼓为贵之称,铜鼓的历史已有二千余年,形成了独特的铜鼓文化。

2.1 铜鼓文化传承的现状

铜鼓文化曾经呈现出日渐衰微的局面,其原有的历史使命逐渐衰退,生存空间不断缩小,人们对其的关注也不断降低,其传承现状堪忧。在我国,铜鼓在"大跃进"的大炼钢铁行动和"文化大革命"中遭到严重的破坏,数以千计的铜鼓被砸毁熔化,以铜鼓为载体的铜鼓文化也遭到了很大摧残。同时,铜鼓的歌谣、舞蹈、乐谱没有得到全面系统的整理,喜爱铜鼓的人日渐减少,会敲铜鼓的人更是日益减少。更为严重的是,铜鼓的铸造技术目前已经失传。在壮族,流传数千年的铜鼓文化,如今面临着严峻的传承危机。同时在经济全球化、文化多元化的今天,民间传统文化正面临着现代文化特别是西方文化的冲击。

基于以上现状，我国各项保护策略逐渐实施。比如在木柄瑶族铜鼓舞（如图2-1）的保护上，就制定了一系列的措施。制订了木柄瑶族铜鼓舞五年保护计划，并进一步深入开展理论研究工作，包括对丰收舞、迎春舞、扁担舞、瑶琴等的研究，并编纂成文发行；实行动态保护，建立瑶怒、老寨两个木柄瑶族铜鼓舞文化生态保护村，对这两个寨的鼓手、乐手、师傅实行重点保护；建立田林县木柄瑶族铜鼓舞民间艺术团，重点扶持辅导培养，使之能走出田林、走出广西，成为品牌；对木柄瑶族铜鼓舞进行深加工，创立品牌，形成木柄瑶族文化艺术产业，增添活动机会与场所；加强舆论包装，组织和邀请有关专家学者，撰写各类体裁文章，扩大铜鼓舞的名声和影响力；邀请图像媒体采风拍摄，宣传播放，为打造木柄瑶族铜鼓舞品牌搭桥铺路；建立一年一度的木柄瑶族铜鼓舞展演；等等。这些措施足以说明政府开始关注并重视传统文化的传承。

图2-1 木柄瑶族铜鼓舞

2.2 铜鼓文化传承的载体

2.2.1 铜鼓文化原始传承载体

在最初,乐舞是其主要的传承载体。铜鼓从专做炊具的铜釜演变成敲击发声的铜鼓,就奠定了其乐器属性。铜鼓在发挥娱乐、赛神、传递信息、指挥军队等功能时,或发挥击鼓传递消息、聚集族人抵御外来入侵、击鼓祭祀祖先、驱妖降魔等作用时,都离不开乐声和舞蹈。古代敲奏铜鼓的方法是以槌击铜鼓,使其发音,根据鼓声的节奏翩翩起舞,来娱神、祭祀祖先或娱乐。在这种传统的简单的音乐声和舞蹈中,铜鼓文化得到了传承和发展。至今还在使用铜鼓的民族主要有壮族、

图 2-2　击打铜鼓表示庆贺或悼念

图2-3 铜鼓精美的造型和纹饰

布依族、傣族、侗族、水族、苗族、瑶族和彝族,这些少数民族在节日庆典和喜丧祭祀等日子都会击打铜鼓、载歌载舞,来表达庆贺或悼念之情(如图2-2),这一风俗一直沿袭至今。

另外,铜鼓造型和纹饰也是传承铜鼓文化的载体,铜鼓造型和纹饰样式繁多(如图2-3)、品种齐全,一直吸引着人们研究和运用,这种研究和运用一直使铜鼓文化得到传承。

2.2.2 铜鼓文化现代传承的载体

铜鼓文化通过遗留下来的铜鼓继续传承下去,这些铜鼓或被珍藏在各地的博物馆,受各地前来的观赏者观瞻,或活跃于西南边陲的少数民族地区,在一些重大的传统节日中抛头露面,承载着丰富的有形或无形的铜鼓文化。随着国家提倡回归传统文化的政策的实施,现代传承铜鼓文化的载体也越来越多样化,比如通过广播电视、网络媒体、学校教育、设计绘画等载体的传承越来越常见。

2.2.3 铜鼓文化传承载体的特点

2.2.3.1 原始传承载体充满了宗教信仰

传承铜鼓文化的祭祀活动充满了宗教信仰。比如古人对天空

第二章 铜鼓文化的传承

有着狂热的崇拜，认为它主宰着人间的丰收与灾难，而天空中的太阳是最耀眼的那一个，光芒万丈、璀璨夺目，引起了古人的敬仰，所以古人对太阳的祭祀活动充满了这种宗教信仰。

传承铜鼓文化的铜鼓造型和纹饰本身也充满了宗教信仰。比如铜鼓上的蛙饰（如图2-4），因为在神话中，蛙是天公的少爷，是雨的使者，蛙鸣便是下雨的预兆，饰青蛙于鼓，是求雨的心态反映。另外也有人认为青蛙繁殖力强，饰青蛙于鼓，反映了古人祈求子孙繁衍的思想。也有人认为南方民族敬仰青蛙是提倡勇武的精神。这些都是宗教信仰的反映。

图2-4　铜鼓上的蛙形塑像

2.2.3.2　传承载体具有区域性差别的特征

前面讲到铜鼓造型和纹饰也是传承铜鼓文化的载体，而铜鼓造型及纹饰具有区域性的差别。

流行于云南中部的濮族铜鼓类型是万家坝型铜鼓，这种铜鼓鼓壁较厚，工艺粗糙，鼓面无花纹或花纹较简单，胸大于鼓面，是迄今所知最早的铜鼓。

流行于云南晋宁、四川会理、贵州赫章、广西玉林等广大地区的铜鼓类型是石寨山型铜鼓，这种铜鼓是万家坝型铜鼓的继承与发展，鼓面较宽，铸造工艺也较精细，纹饰多样，元素包括翔鹭、羽人、龙舟竞渡、瘤牛、剽牛祭祀，以及环形、同心、锯齿等纹饰，表现了铜鼓铸造技艺日趋完善,铜鼓文化进入了发展阶段。

流行于四川、广西、云南、贵州等省区和左江、右江、郁江、黔江、浔江流域一带的铜鼓类型是冷水冲型铜鼓,这种铜鼓形体瘦高、鼓体较大,花纹密集而趋于图案化,饰有变形翔鹭、变形羽人和变形龙舟纹,重要特征是鼓面四周铸有蛙饰和鸟兽、人物等立体造型,奇异多姿,是石寨山型铜鼓的继承和发展,铜鼓文化进入了成熟的阶段。

流行于以贵州、广西北部为中心的黔、桂、滇等省区的铜鼓类型是遵义型铜鼓,这种铜鼓,鼓面无立体蛙、兽饰物,它的花纹和图案也衰退简化,是由冷水冲型铜鼓蜕变而来的,也是由冷水冲型铜鼓演变到麻江型铜鼓的过渡形式。

广泛流行于两广、滇、黔、川、湘、海南等省区的铜鼓类型是麻江型铜鼓,麻江型铜鼓,鼓型矮小、数量最多,这种铜鼓的重要特征是体型扁矮,鼓壁较薄,发音效果好。在鼓面的同心晕圈中,铸有十二生肖、八卦、盘龙等多种浮雕,并有"成化""万历"等汉字纪年铭文。由于铸造工艺精湛、饰纹丰富多彩和音响效果俱佳,使铜鼓文化发展到巅峰阶段。

流行于广西北流、陆川、容县、浦北、广东高州等地的铜鼓类型是北流型铜鼓,这种铜鼓形体硕大厚重,鼓面宽大,伸出鼓颈之外,边缘有垂檐,胸壁斜直外凸,最大径偏下,胸腰际收缩,曲度不大,以一道凹槽作为胸腰分界,鼓腰成反弧形,腰足间以一道凸棱分界,鼓足外移,与面径大小相当,鼓耳结实,多为圆形环耳,其青蛙装饰小而朴实,太阳纹则圆突如饼,以八芒居多,此外以云雷纹居多。

主要流行于两广地区的铜鼓类型是灵山型铜鼓,此类铜鼓形制接近北流型,外观体型凝重、形象精巧、鼓面平展,稍广于或等于鼓身,边缘伸出、但不下折、胸壁微凸、最大径居中,胸以下逐渐收缩成腰,胸腰间仅以细线为界,附于胸腰之际的鼓耳均为带状叶脉纹扁耳,鼓面中心太阳纹圆突如饼,光芒细长如针,芒数不一,七芒、八芒、九芒、十芒、十一芒、十二芒都有,有的芒端开叉。装饰花纹多以二弦分晕,鼓面和鼓身各有三道较宽的主晕,以骑兽纹、兽形纹、鹭鸟纹为主体纹样,其他晕圈有云纹、雷纹、半圆纹、半圆填线纹、席纹、四瓣花纹、"四出"线纹、连线纹、虫形纹、水波纹、蝉纹等。

流行于云南省西南部的德宏、临沧、西双版纳、西盟等地的铜鼓类型是西盟型铜鼓,国外学者也称其为克伦鼓,这种铜鼓,铸造精巧、鼓身轻薄、音响效果好。它的特征是鼓面铸有立体蛙饰,并两三只蛙重叠在一起,等距分为四组,有的还铸出立体小象、蛇、海螺、玉树等浮雕,独特而别致。

2.2.3.3　铜鼓现代传承载体的多样化特征

随着科技的发展与国家提倡回归传统文化的政策的实施,铜鼓文化传承载体越来越多样化。科技的发展带来了广播电视、网络媒体等传承铜鼓文化载体,回归传统文化的政策带来了学校教育、设计绘画、研究项目等传承铜鼓文化的载体。

2.3　铜鼓文化传承的意义

2.3.1　促进人与自然之间的和谐相处

古老的铜鼓文化促进了生态环境的保护,在古人心目中,世间的一草一木、一山一水、一物一品都充满了神秘感,并用铜鼓进行祭祀表达崇敬,由于这种崇敬,生态环境一片繁荣。但是现在,私自采矿、滥伐树木、乱排乱放、过度放牧、过度开荒等行为导致空气污染、绿化减少、土地流失、生物绝种等后果,严重破坏了生态环境的平衡发展,成为各级政府亟待调控的难题。铜鼓文化的传承,能在一定的程度上对人类保护环境方面有所启示。

2.3.2 提高大众的审美意识

在当代的欧美各国,审美教育已成为国民教育不可缺少的组成部分,可见审美意识对于一个民族来说是多么重要。铜鼓造型和纹饰精美复杂、品类齐全,具有极高的审美价值,民间装饰图案由于经过了长期的历史长河的洗涮,更容易被平民大众所接受。把铜鼓元素运用于社会生活、自然界、精神产品和物质产品等领域,运用一切可能的形式给人们以耳濡目染、潜移默化的教育,以达到美化人们心灵、体态、语言、行为,提高人们智慧和道德的目的。

2.3.3 促进中国特色文化的发展

全球化趋势下,国外文化入侵中国,传统文化面临挑战。一项调查表明,现在大学生中,传统文化观念比较淡薄;在小学生中,文化品位却比较西洋化。很多年轻人不再爱好过中秋节了,而偏好过圣诞节,很多年轻人不爱吃中餐了,而比较喜欢吃西餐,诸如此类的现象还比比皆是。这些现象让我们看到了我国优秀传统文化的脆弱性,社会主义文化如果丧失了自己的文化,就面临着亡种的危险。铜鼓文化的传承,对保持我国的传统文化有着一定的意义,对创造我们特有的文学、艺术、教育、科学等精神财富起到一定的作用。

2.3.4　一定程度上提高中国的国际地位

中国文化历史悠久、独具特色,很多国外人士都对其非常感兴趣。新中国成立六十多年来,经济社会发生巨大变化,国际关注度也逐步提升。具有传统文化烙印的产品必定会引起国外人民的兴趣,有助于提高我国的知名度和经济实力。

2.4　铜鼓文化传承的未来与展望

2.4.1　铜鼓文化传承的趋势

近二十年来,随着中华民族传统文化的复兴,壮族、布依族、水族、侗族、苗族、瑶族、彝族、傣族、佤族等民族地区恢复了使用铜鼓的传统习俗,在闹年迎春、节日庆典、婚丧礼仪、祭祀聚众等重要场合都使用铜鼓。民众对其的保护意识也逐年提高,将有更多的人通过更多的载体传承铜鼓文化,它的未来一片光明。

2.4.2　加强铜鼓文化的传承

要想加强铜鼓文化传承,首先要对铜鼓文化的价值进行全面评估。在建立铜鼓文化价值评估系统时应具有充分的开放性,提倡跨文化、多视角的交叉对话，全面充分地评估铜鼓文化价值，使人们正确的认识铜鼓文化价值，在传承铜鼓文化这个问题上达成共识。另外要在政策、法规方面加大对铜鼓文化的保护力度，必须用法律作保障。中国政府一贯重视文物保护，1961年颁布了《文物保护管理暂行条例》，1982年颁布了《文物保护法》，2003年7月1日新修订的《文物保护法》生效，2007年，全国进行了第三次文物普查工作。这些政策法规与行动都为铜鼓文化的保护与传承提供了强有力的政策支持。最后还需要政府加大宣传力度、大力拯救铜鼓铸造技术、扶持民间铜鼓艺人，鼓励铜鼓文化传承行动的实施。

2.4.3　铜鼓文化的传承创新

以铜鼓文化为表面载体而为其注入一种完全不同的内容，使其由内而外呈现出一种新景象，将使铜鼓文化的传承步入全新阶段。

图2-5　别具一格的表演创意

大胆采用新型传承载体、扩大思维模式,达到推陈出新的目的。如图2-5,这是在广西河池第十二届铜鼓山歌艺术节上的表演,表演者在铜鼓造型倾斜舞台上载歌载舞,铿锵铜鼓、震天擂响,具有鲜明地域和民族特色,集思想性、艺术性、民族性、观赏性于一体,有力地传承了广西铜鼓文化。

第三章　现代设计概述

设计是一门古老的学科,自人类文明起源,为了生存,人类在与自然抗争的过程中出现了各种各样原始设计的物质装备。构木为巢,结绳记事,都是一种设计。之后伴随生产力进步、人类文明发展,设计的形式与方法也在不断地变化、更新和演替。

3.1　设计的内涵

设计由"设""计"两字复合而成。设者,有设置、陈设之意。《国策·秦策一》:"张乐设饮,郊迎三十里。"杜甫《剑门》诗:"惟天有设险,剑门天下壮。"亦指所摆置的东西。计者,有计划、计谋、策略之意。《汉书·高帝纪上》:"汉王从其计。"《韩非子·存韩》:"计者,所以定事也,不可不察也。"《现代汉语词典》将设计一词解释为:"在正式做某项工作之前,根据一定的目的要求,预先制定方法、图样等。"

设计对应的英文为"design"，不同的时期，"design"含义有所不同。文艺复兴时期，"design"只被认为是人理智上的、内心想象的，建于理念之上的视觉表现和分类。到18世纪后期，《大不列颠百科全书》对"design"的解释是："艺术作品的线条、形状，在比例、动态和审美方面的协调。"而到了工业化时代，终于从艺术化氛围里走出来，成为现代意义上的"设计"。

3.2 现代设计的含义

现代设计是在设计含义的基础上，增加了时间的限定。关于"现代"一词，一般以18世纪60年代开始的工业革命为标志的，主要指工业化以后的两个历史时期。第一个是指两次世界大战期间，西方国家出现以流水线为代表的经济高速发展，尤其是20世纪20年代形成了以柏林为中心的科学艺术繁荣时代。第二个时期指20世纪50年代后期到60年代后期西方的经济繁荣和美国式的消费时代。这两个历史时期被称为现代时代。

随着工业革命所带来的巨大变革，传统的手工艺设计形式和观念也随之发生变化，现代设计作为工业革命的附属品正式登上历史舞台，但明显的它相对于工业革命有一定滞后期。现代设计中的"现代"时间起点，在普遍的现代设计史书籍中都定位于19世纪中叶的工艺美术运动。自此，现代设计拉开了序幕。

3.3 现代设计发展史

3.3.1 现代设计萌芽

3.3.1.1 工艺美术运动

工业革命最早在英国爆发,蒸汽机和内燃机的发明代替了传统的手工生产使得英国制造的产品数量大幅提升。而在数量增加的同时,艺术性相比手工业时代直线下降。1851年英国举办世界博览会展示工业革命以来的成果,上万件机器制造的产品外观粗糙、艺术品位低下,与传统手工艺品的细腻和精致形成鲜明对比,矛盾由此激化。在这样的背景下,一些富有洞察力和责任感的艺术家、设计师对此开始了理论和实践的探索,解决技术与艺术之间的突出矛盾。也为英国工艺美术运动的开端埋下伏笔,成为现代设计萌芽的最初动力。

图3-1 约翰·拉斯金头像

约翰·拉斯金(图3-1)最早看到工业化生产的弊端,他提倡艺术与工业结合,强调设计的大众性,设计应为大多数人服务而不是少数人的精英设计。这一思想成为工艺美术运动的理论基础。但拉斯金思想有其消极一面,他否定机器生产,主张回到手工生产,同时他的主张始终停留在理论而没有进入实践阶段。受拉斯金影响,威廉·莫里斯(图3-2)在理论与实践

图3-2　威廉·莫里斯头像　　图3-3　威廉·莫里斯设计的红房子

方面做了更深入的探索,被设计界称为"现代设计之父"。他主张技术与艺术、手工与艺术结合,并从小对美有自己的追求。结婚时买不到婚房用品,自己设计了全套的家具、壁纸、灯具、地毯等装饰用品。这所"红房子"(图3-3)在当时引起强烈的反响,也是他个人理论与实践的第一次结合。此后他成立莫里斯公司,开设了十几家工厂,不断进行尝试。然而莫里斯的理论也有消极面,他认为只有艺术家亲自做出的产品才是艺术的产品,手工生产永远比机器生产更具有艺术性。从这点上看,他的思想未能认识到工业化生产方式是历史和时代的必然趋势,仍具有局限性。但他为现代设计的进步作出的贡献是不可否认的,同时也影响了北美和欧洲的一些地区。

　　工艺美术运动由于违背工业化批量生产这一时代必然趋势,在莫里斯去世不久基本结束。但工艺美术运动的广泛传播导致了影响更大、规模更广的欧洲新艺术运动的兴起。

3.3.1.2 新艺术运动

在英国工业革命的影响下,欧洲各国开始了工业化的激烈竞争。到19世纪末期,法国成为仅次于英国的工业大国。1900年法国为展示自己工业革命以来取得的成就,在巴黎举办了国际博览会,引起了广泛的关注。因此,法国自然成为新艺术运动的发源地和中心。而为此次博览会建造的埃菲尔铁塔,则成为新艺术运动的经典作品。新艺术运动继承工艺美术运动"艺术与技术结合"的思想,发展了工艺美术运动的自然植物造型,形成了"师从自然"的全新风格。整个运动几乎涉及了所有的艺术领域,包括建筑、家具、珠宝、服装、平面、雕塑及绘画。在传播的过程中,不同国家又形成了不同的风格特点。按照形式基本可以分为曲线型和直线型。曲线型以自然界动植物纹样为母题,特别是利用植物的枝茎进行夸张的拉长、弯曲和缠绕,强调舒展、流畅和优雅的线形。在法国以爱米勒·加雷的家具设计、勒内·拉里克的珠宝设计(图3-4)、埃克多·基马的地铁系统设计(图3-5)、儒勒·舍雷的广告设计等为代表;在比利时以维克多·霍塔的室内设计为代表(图3-6);在西班牙则以安东尼·高迪的建筑设计为代表(图3-7)。直线型则以英国北部苏格兰的麦金托什为代表(图3-8),以直线型、白色基调为主进行室内装饰和家具设计。这种直线型风格也影响了奥地利的

图3-4 勒内·拉里克的珠宝设计

第三章 现代设计概述

图3-5 埃克多·基马的地铁系统设计

图3-6 维克多·霍塔室内设计

图3-7 高迪设计的米拉公寓

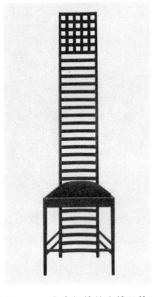

图3-8 麦金托什的直线风格

维也纳分离派,代表人物为从事建筑设计的瓦格纳。他指出新结构和新材料必然导致新的设计形式的出现,建筑领域的复古主义样式是极其荒谬的。他的设计体现了其"功能第一,装饰第二"的设计原则,并抛弃了"新艺术运动"风格的自然主义曲线,采用了简单的几何形态,为日后现代主义的确立埋下伏笔。

总的来说,新艺术运动较工艺美术运动有所突破,不再一味反对工业化机器生产。但其作品艺术性强,工艺复杂,不适合机械化批量生产,仍不算是真正意义上的现代设计。但从新艺术运动衍生出来的一些流派,风格从自然主义转向几何、直线,并开始有"形式服从功能"的设计思想,为现代设计的确立奠定了理论基础。

3.3.2 现代设计确立

19世纪末20世纪初,新艺术运动在欧美传播后,各种设计流派便风起云涌,层出不穷,但始终没有将设计与工业化真正结合,终究带有局限性。真正将设计与工业有机结合的,是德意志制造同盟。

3.3.2.1 德意志制造同盟

1907年,建筑师穆特休斯在慕尼黑创立了德意志制造同盟,它被认为是现代设计确立的标志。同盟坚决摒弃传统手工业,宣传现

第三章 现代设计概述

图3-9 贝伦斯设计的制造车间

代工业的同时大力推行功能主义,主张标准化和批量化生产,同时去掉与功能无关的一切装饰。德意志制造同盟的观点不仅推动了德国的现代设计,同时也对欧洲和美国产生了巨大影响。同盟中最具代表性的人物,首推彼得·贝伦斯。他作为德国通用电器公司的产品艺术顾问,全面负责了公司的建筑设计、产品设计、视觉传达设计等。他设计的公司制造车间(图3-9),为突出功能性而摒弃了所有的建筑装饰,被誉为第一座真正的现代建筑;他设计的电风扇、台灯、电水壶(图3-10)等电器产品同样造型简洁突出功能;他设计的公司企业标志,一直沿用至今。他以建筑

图3-10 贝伦斯设计的电水壶

39

形式、产品形象、企业标志形式完美地诠释了现代设计重功能、重理性的设计理念,因此他被誉为德国工业设计先驱。较之设计能力而言,贝伦斯在历史上更大的意义是他的教育意义。他培养了许多学生,其中的三位学生:格罗皮乌斯、密斯·凡·德罗和勒·柯布西耶日后都成为现代主义设计大师,是现代设计前行最强有力的推动力。贝伦斯也被誉为"现代设计运动的奠基人"。

3.3.2.2 芝加哥学派

19世纪以前芝加哥是美国中西部的一个小镇。1781年,芝加哥城遭遇大火,全市三分之一的建筑被毁,迫于城市重建的契机,"芝加哥学派"应运而生。芝加哥学派是美国最早的现代建筑设计流派,是现代建筑设计在美国的先驱。学派强调形式永远服从功能这一不变法则,功能不变,形式也不变。它的建筑师们积极采用新

图3-11 芝加哥会堂大厦

材料、新结构来设计高层商业建筑，创造了具有新风格新样式的新建筑。学派内的代表人物就是路易·沙利文，他重视功能，提出"形式服务功能"的口号，但也不否定装饰的必要性，他设计的商业建筑是美国建筑史上的里程碑，以芝加哥会堂大厦（1889）（图3-11）、芝加哥大剧院（图3-12）为代表。

图3-12　芝加哥大剧院

芝加哥学派的出现是在新艺术运动传入美国之前，所提出的设计思想已经完全符合现代设计的理念。但在当时却被认为是缺少文化，没有深度，难登大雅之堂的设计。可见当时的美国，传统观念还是根深蒂固，不易改变。并且此学派只存于芝加哥一地，十余年间便烟消云散了。但它对美国现代建筑设计的影响作用，从今天的视角来看，仍旧是不容忽视的。

3.3.3　现代设计的成熟

3.3.3.1　新建筑运动

现代设计从稚嫩走向成熟，严格意义上是从建筑领域开始。19世纪70年代芝加哥学派打开了现代建筑的门缝。而到了20世纪初，这种利用新技术、新材料的高层建筑日益增多，钢筋混凝土或和大面积的玻璃幕墙的建筑骨架和表皮形式成了新建筑的最常用

图3-13　格罗皮乌斯头像　　图3-14　密斯·凡·德罗头像　　图3-15　勒·柯布西

的设计语言。前文提到的格罗皮乌斯(图3-13)、密斯·凡·德罗(图3-14)和勒·柯布西耶(图3-15),正是"现代建筑三大支柱"。格罗皮乌斯提出"功能第一,形式第二"的口号;密斯·凡·德罗在此基础上发挥了"少就是多"的设计方法;勒·柯布西耶更是将理性主义、功能主义发挥到极致,产生了他的机器美学。

3.3.3.2　包豪斯

格罗皮乌斯在积极进行理论推广和理论实践的同时,还创办了世界上第一所现代设计教育机构——包豪斯国立学校。学校在十四年间培育出一大批现代设计人才,被誉为"现代设计的摇篮"。包豪斯形成了一套教育方法和设计思想,现代设计教育三大构成的理论基础教育一直沿用至今成为设计类专业的必修课,对整个艺术教育发展都有不可估量的价值。

包豪斯作为现代设计教育的基石,其设计思想可归纳为三点:一是艺术与技术统一;二是设计为人服务;三是设计遵循自然法则。在这种原则的指导下,包豪斯提倡自由反对墨守成规,注重理论与实践的结合、教育与生产的结合,以此创造出高品质、可大批量生产的产品。如马歇·布鲁尔设计了世界上第一把钢管椅,在今天看来仍然经典(图3-16)。

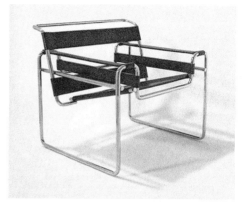

图3-16　马歇·布鲁尔设计的钢管椅

3.3.3.3　美国商业化现代设计流线型风格

在欧洲致力于对现代主义设计探索的同时,美国则基于市场竞争要求,开始了工业设计运动。其设计宗旨不再是欧洲现代主义提倡的"形式追随功能",而是坚持"形式追随市场"。企业生产的各种产品,通过更换外形、颜色、包装和商业广告来促进销售。美国工业设计的发展比世界上任何国家都迅速,而且美国也是最早将工业设计师职业化的国家。

美国工业设计的另一个突破,就是在生产企业中设立设计部门。其中最有影响力的就是汽车外形设计,这也一度掀起一股流线型风格潮流。流线型风格主要出现在产品设计特别是汽车、火车等交通工具设计上,之后成为一种独特风格广泛影响到其他设计产品,甚至于建筑和室内设计,是20世纪30年代很典型的美国式现代主义风格(图3-17)。

流线型运动风行了二十多年,奠定了有计划废止制度的形成。即有计划地考虑未来几年的产品的变换样式,做到两年一小变四年

图3-17 美国流线型汽车外形设计

一大变,造成有计划的式样老化,促使消费者不断追逐新的样式而增加销售量。但这样的设计体制也造成美国汽车产品只注重外形,从来没有提高过性能,最终被日本设计的汽车打败。

3.3.3.4 国际主义风格

国际主义风格与欧洲的现代主义设计运动是同宗同源的。包豪斯的设计人员由于"二战"战乱有一大部分来到了美国,在美国的建筑学院担任领导工作,将包豪斯的设计思想贯彻到美国建筑设计中。从而影响到世界各国,形成了新的现代主义风格,即国际主义风格。

国际主义风格以钢筋混凝土、大量预制件、大面积的玻璃幕墙和简单的几何造型著称(图3-18)。之所以风靡,一是由于战后的百废待兴给国际主义风格提供了发展空间,二是机场、贸易中心等大型公共建筑的急需建设使国际主义风格的特点得到极大发挥。

第三章 现代设计概述

图3-18 密斯·凡·德罗设计的西格拉姆大厦

3.3.3.5 现代设计的演变——后现代设计

国际主义风格发展到后期,已经违背了最初现代主义"形式服从功能"的设计初衷,而是为了追寻一种极简的形式而不惜减少功能甚至漠视功能。于是乎,这种形式单调、沉闷、趋同的设计风格受到了后现代设计的批判。

总的来说,后现代设计并不是一种单一的设计风格,而是代表了现代主义之后这个时间段对于设计理念的又一次探索和尝试。它包括了后现代主义建筑运动(图3-19)、波普设计(图3-20)、孟菲斯设计(图3-21)、解构主义设计(图3-22)等。后现代设计的概念最早出现于建筑设计领域,而后陆续带动了其他的设计领域,形成一次对现代主义设计挑战的后现代设计运动。

从本质来说,后现代设计并不是完全地推翻和否定现代主义设计,而是在现代主义设计表皮上增加了装饰主义的成分。因此,后现代设计只是肤浅地从形式上对现代主义设计进行批判,只能被视为一次对设计形式与方法的探索。

图3-19 文丘里设计的母亲别墅

图3-20 波普风家具设计

第三章　现代设计概述

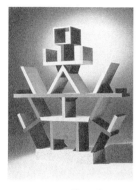

图3-21　孟菲斯集团的家具设计

图3-22　弗兰克·盖里设计的迪士尼音乐厅

3.4　现代设计的主要类别

3.4.1　多种分类方式

现代设计几乎涉及了人类生活的各个领域，因此分类方法也多种多样。以下简要介绍两种分类方式。

3.4.1.1　存在维度

按照存在维度来分，可分为一维设计、二维设计、三维设计。一维的是指只在直线或时间坐标上变化的对象，现代设计中仅指音响设计；二维设计也称作平面设计，是以长和宽的二维空间为载体的设计活动，涵盖的范围包括海报、样本装帧、书籍设计、VI、画册等只是在二维空间内进行的设计；三维设计是新一代数字化、虚拟化、智能化设计的基础，是建立在二维设计的基础上，让设

47

计目标立体化的设计方法,一般包括产品设计、建筑设计、展示设计与包装设计等。

3.4.1.2 使用目的

按照目的不同来分,是近年来比较流行的分类方式,包括以使用为目的的产品设计、以信息传递为目的的视觉传达设计和以空间优化为目的的环境设计。这样的划分是根据各个领域自身的特点,具有针对性和延展性。

3.4.2 产品设计

产品设计是工业设计狭义的解释,是现代设计最为重要的组成部分。依据《现代设计辞典》中的解释,产品设计是针对人类在与自然的对应关系中,为了使生存与生活得以维持和发展所需的诸如工具、器械与产品等物质性装备所进行的设计。产品设计包括的内容非常广泛,涉及生活中的各个领域,包括服装、纺织品、家电、机械设备、工业设备、建筑、家具、日用品、交通工具、医疗器械等。下面从生活中的衣、住、行三方面简要地介绍几种常见的产品设计。

3.4.2.1 服装设计

服装设计是以人为设计对象,以衣料为素材,以穿着为目的,而后通过制作使其具体化和形象化,是一种为了满足人的本身需要而进行的物质文化的创造(如图3-23)。除了衣服本身的设计外,还包括了附属饰品的设计,如鞋帽、手提包、围巾、手套和配饰等。设计服装除了御寒保暖这种基本的功能外,还能展示个性、爱好、气质等。通常人们对一些奢侈品牌的追逐和热捧,都是为了体现自身的气质风度和文化品位。

3.4.2.2 建筑设计

图3-23 服装设计

建筑设计泛指建筑工程设计的各个专业方面,如建筑、结构、供水、供电、供热、燃气等一系列建筑工程设计,是在建筑物建造之前就把建设和使用中会存在的问题预先考虑,拟好解决这些问题的办法和方案,用图纸和文件表达出来,作为施工的依据。

建筑设计除了包含工程类的设计之外,还包括了建筑内部的室内设计、家具设计、家具用品设计等。室内设计、家具设计既属于产品设计,又涉及环境设计,对整个室内空间的风格、特色起了决定性作用。而家居用品设计在满足使用功能基础上,更多的作用是美化生活空间,提高生活品质。近来,家居用品这类软装饰设计在建筑室内设计中占的比重越来越大,发挥着越来越重要的作用。

3.4.2.3 交通工具设计

交通工具是满足"行"的功能,而对交通工具进行设计的目的则是在满足出行的功能上,注重其安全性、舒适性及低碳环保等方面。交通工具设计主要包括海、陆、空三种方式,具体为船、各类车

图3-24 交通工具设计图

（如图3-24）和飞机。船是最早的交通工具，随着工业革命的出现，汽车产生了，是交通工具史上的里程碑，而后飞机的出现使得出行的速度又得到大大提升。

3.4.3 视觉传达设计

视觉传达设计一词流行于1960年在日本东京举行的世界设计大会，也称为平面设计。主要包括两类：静态平面和动态平面。静态平面包括：标志设计、包装设计、字体设计、图像设计、书籍设计、广告设计和形象设计等。动态平面包括：影视设计、动画设计和网页设计。

3.4.3.1 标志设计

标志设计也常被称为"LOGO"设计，将设计对象的内涵、形象精炼称为一种图形符号元素。其功能可以使人们看到标志，就能习惯性联想到事物本身，从而对事物产生认同。

3.4.3.2 包装设计

包装设计俗称包装装潢设计，是现代商品经济的产物。包装设计的目的一是保护商品、方便运输；二是准确传达产品信息，提高销售概率；三是通过产品包装提升品牌形象，增加产品附加值。现代的包装设计已经成为商业产品的不可或缺的重要部分,甚至在一些产品中,包装的成本已经超越产品本身的成本。

3.4.3.3 字体设计

字体设计应用广泛、频繁。通过对文字的形象的艺术化加工处理,起到提升信息传递的作用。

3.4.3.4 图像设计

图像设计是最基本的一类设计,独具匠心的设计者通过绘画或电脑制作等手段,美好设计对象的视觉效果,使之受到大众欢迎。

3.4.3.5 书籍设计

除了基本的封面或版式设计以外,书籍的策划、编辑、装帧形式、封面、腰封、字体、版面、插图、印刷、装订等一系列的程序过程,都应归于广义的书籍设计当中。

3.4.3.6 广告设计

随着出现商品生产和商品交换的活动,广告设计也随之出现。根据商业目的的不同,可以分为商业广告和社会广告。根据宣传途径的不同,可以分为印刷品广告、影视作品广告、橱窗广告、礼品广告、户外广告、网络广告设计等。

3.4.3.7 形象设计

形象设计可以包括:城市形象设计、企业形象设计、人物形象设计、产品形象设计等。随着设计行业的发展、社会认可度的提高,形象设计越来越受到人们的欢迎。

3.4.3.8 影视设计

影视设计是对影视图像和声音进行艺术编辑处理的设计。设计时需要考虑视觉声音四维化的综合处理。

3.4.3.9 动画设计

动画设计是一门较为新兴的设计领域。分为人物造型设计和场景设计。动画是通过视觉的"暂留"特性,播放系列的设计画面,给人感受到连续变化的图像效果。

3.4.3.10 网页设计

网页设计伴随着计算机互联网行业而快速形成、发展,是一种新兴的、综合的设计门类。它是以美化页面视觉效果为目标,以为提供方便、快捷的信息检索、浏览为原则,应用计算机辅助设计软件进行的设计。

3.4.4 环境设计

环境设计是指与人们生活、生产、出行和游憩活动息息相关的生存、生活空间的设计。具体包括城市规划设计、室内设计、景观设计、公共艺术设计等。

3.4.4.1 城市规划设计

环境设计中的城市规划设计,是指为了满足城市居民工作、生活、出行的需要,结合城市现状对城市未来的发展建设方向进行科学合理的规范、安排及设计(如图3-25)。

城市规划设计是一门较为综合的学科专业,在设计过程中要协调好经济、文化、交通、环境保护等多方面的要求,为城市居民创造

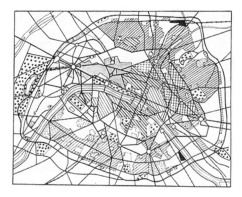

图3-25 城市规划设计平面图

良好便捷的城市大环境。规划设计要以国家的建设方针为指导,严格遵守国家规划相关的法律法规,以城市自身的特点为出发点,以满足人们的需要为根本,合理进行研究和规划设计。

3.4.4.2 室内设计

室内设计是指针对建筑内部的空间部分,根据其建筑功能及使用特性,对其进行合理安排设计(如图3-26)。室内设计是塑造建筑风格的重要环节,体现了建筑的文化精神。同时由于其与人的使用关系密切,室内设计更容易去创造建筑室内的空间氛围和风格意境。

根据功能特性的不同,室内设计可以分为几个主要方向:居室设计、集体公共性设计(包括学校、医院、办公单位

图3-26 室内设计效果图

等)、活动开放空间设计(包括商场、宾馆、酒店、影院、剧院等)、专门性设计(包括汽车、游船、飞机内部空间等)。随着社会经济的发展,群众生活水平的提高,人们对于美好舒适的室内空间环境要求也越来越高,这也带动了室内设计行业的蓬勃发展。

3.4.4.3 景观设计

景观设计,又称为风景园林设计,是针对人与自然关系方面的设计(如图3-27)。景观设计的场地对象也较为丰富,泛指各类与人们活动相关的室外绿色自然空间。景观设计也是一门涵盖广泛的学科,涉及林业、生态、地理、人文、建造、美学等多方面内容,力求为人们提供理想的室外空间环境。在现代的景观设计中,生态设计的理念逐渐受到了人们的重视。景观设计被认为是一种重要的恢

图3-27 景观设计效果图

复、改善人与自然协调发展关系的有效手段。人们的活动应该依托于自然环境,应充分的尊重自然,对于自然资源的馈赠不该过度地挥霍而不计后果。这是人类文明的反思,也是景观设计未来的发展方向之一。如今,从宏观的规划分析到具体的建造实施,生态设计的理念发挥着越来越多的作用。对未来人与自然协调发展起到推动促进作用,这也是景观设计的行业职责。

3.4.4.4 公共艺术设计

公共艺术设计主要是指针对人们活动的公共开放性空间中的艺术设计创作和相应的环境设计(如图3-28)。公共的开放性空间可以包括室内和室外两种。公共艺术的主体一般都是指开放空间中的艺术创作或者陈设,可以是一些雕塑、笔画,也可以是景观、建

图3-28 公共艺术设计效果图

筑。公众的广泛参与性是现代公共艺术设计的最重要特点。一般公共艺术设计的主体都具有一定的意义内涵，往往容易形成一个城市或者区域的符号象征甚至标志，代表着地区的精神文化面貌。这类艺术设计的作品能够给人最直观的感受和深刻的记忆。

3.5　现代设计原则

现代设计是随着历史的进步逐渐发展成型。在西方工业革命浪潮的推动下，人类制造热情的高涨引发了对设计本质、含义、范畴和任务的积极思考。由此才逐步产生了独立的设计的概念。大量的设计实践为设计学科的发展提供实际条件，升华对设计本质的认识，并促进人民对于设计规律的总结。

3.5.1　多元化原则

随着工业化社会的日趋成熟和信息革命的爆发，现代设计的内涵快速扩大，同时与自然科学、社会科学等多领域的研究成果融合，设计学涵盖的领域更加丰富多元。

现代设计学不仅仅局限于早期的工业设计，而是发展到涉及产品设计方面、视觉传达设计方面、环境设计方面等众多领域。深入影响着多领域行业的发展，同时多元的需求也刺激设计本身发展更加成熟、全面。现代设计的手法不可能以偏概全，要结合不同领域设计成果的生产技术、使用需求，调整扩大现代设计的内涵。

合理的设计过程应协调好设计对象、设计所在环境、设计者三方面的关系,从而创造"价值"的最大化。设计的"价值"体现在多元方面,一般从实用价值和附加价值两个层次理解。实用价值一般是指通过设计的事物在使用过程中反映的固有的价值。其本身也包含着时间价值、信息价值、消费价值、资源价值等,多渠道、不同程度的影响着设计事物的使用价值。

附加价值是指设计事物对其本身以外其他方面的效益。在如今现代设计过程中,这一部分的价值逐渐被理解重视。包括品牌价值、服务价值、美学价值、社会价值、文化价值、生态环境价值等。"美"是设计超越实用功能的精神创造,而文化、生态更是为设计赋予了灵魂。

3.5.2 人性化原则

人始终是设计的主体,处于核心地位。现代设计正是在不断践行这一设计信条的过程中得以发展。人性化指的是一种理念,满足美观的同时,更加关注"人"的因素。根据人的生活习惯、操作习惯,本着人本的思想,方便使用人,满足使用人的功能诉求及心理需求。

从1919年成立的包豪斯"国际主义风格"的设计席卷世界的每一个角落。主张设计为大众服务、更注重功能和简约的形式。设计体现的实用、经济也是方面"人"的方便使用。在20世纪中叶,兴起的后现代主义主张设计将"人"的因素注入设计之中,将设计还给大众。如今,设计更加注重对人的全面性关注,人性化的设计理念及设计实践逐步成熟,体现在三个方面。

一、人体工程学迅速发展成为人性化设计的科学基础

本着"以人为本"的原则,从人最基本的感官功能考虑,包括视觉、听觉、嗅觉、触觉等,设计出最为符合人心理及行为习惯的产品。

二、关怀弱势群体的人性化设计

20世纪初,建筑学界产生了一种新的建筑设计方法——无障碍设计。实践于环境空间及建筑公共场所中,为广大残疾人及行动不便的少数人群提供便捷、舒适的交通功能,进而创造一个"平等、参与"的环境。

三、设计体现出更多的人文精神

人的需求是多种方面的,满足基本物质功能需求以后,设计更多要关心深层次的心理满足、人文关怀。设计的人文精神就是要顾及不同人的文化背景和精神欲求,为人们提供一个富有人情味的设计产品。这也将是今后设计发展的主流。

3.5.3 功能化原则

设计对象作为"产品",本质上离不开使用物品的功能特性。设计的第一要素就是功能,各种功能价值的体现是设计追求的第一要务。从本质上来说设计的产品都是通过设计赋予或者加强其某种属性,从而满足使用者的使用需求。而产品的功能往往是决定着设计的形式构成和功能安排的决定性基本需求。根本上,人们所利用的是设计对象的功能。所以,设计以功能为本是最基本的设计原则。

"形式追随功能"是芝加哥学派的现代主义建筑大师路易斯·沙里文的一句名言。20世纪初期,美国建筑业在设计理论及实

践上一枝独秀。本着功能主义的原则,带动了整个设计行业的突飞猛进。直到今日,沙利文的观点依然是美国现代设计的基本原则。20世纪20年代,现代主义设计派别成型,其最为重要的理念便是功能主义。在设计中首先注重产品的功能性与实用性,即任何设计都必须保障产品功能及其用途的充分体现,其次才是产品的审美感觉。这是对设计对象功能特性的充分认识和肯定。

3.6 现代设计方法概述

设计的方法是设计学科的方法论,是深层认识和改善设计方式和手法的科学技巧和规律性的经验。设计方法学是研究设计的过程、规律及设计中思维和工作方法的一门综合性学科。早在20世纪70年代,在经历了直觉设计、经验设计、半理论半经验设计三个阶段后,设计方法学便在西方发达国家逐渐出现成熟起来。

随着研究的深入和实践的检验,设计方法的理论逐渐成熟,并且深入影响当今的设计实践。它帮助设计师更加有效合理地完成设计工作。

设计的方法及理论的内容目前十分广泛,由于客观的不同,世界各个地区的学者的研究理论也各有迥异。在《创造技法手册》一书中,作者高桥诚列举了一百种设计的创造方法,并且将众多的设计方法划分为三个大类,即扩散发现技法、综合集中技法和创造意识培养技法。通常情况下,设计的方法也可以分为系统论方法、优化论方法、功能论方法、突变论方法、控制论方法、信息论方法、智能论方法、对应论方法、寿命论方法、离散论、模糊论、艺术论方法、公理设计方法等。

设计的方法论种类及其设计的范畴较多,有的是独立的方法论学科。这里选取两种成熟的方法论简要介绍。

一、系统论方法

系统论的方法将事物之间普遍联系的各要素的集合视为"系统"。虽然这种关联"系统"形式多样,但可以系统地进行分析和综合,优化设计的方法步骤,从而得到最佳的设计效果。系统理论认为,系统具有整体性、目的性、有序性、反馈性、动态性等。系统论的设计方法也称作德国设计方法学,目前已经是一门较为成熟的设计方法,并且在20世纪80年代逐渐引入我国。

二、功能论方法

满足功能是设计追求的第一目标,设计的功能论方法正是基于这一目标而产生。功能论方法是将造物的功能或设计所追求的功能价值进行具体分析、综合整理,以系统工程的方式制作功能系统图,形成更为细致、完整、高效的构思设计,完成设计任务。功能方法论包括功能定义、功能分类、功能整理等方面。功能方法论在现代的设计中有很多优点,从功能角度出发,能更好地满足设计的功能需要,克服单一的思维模式,是一种设计思维的创新,降低成本提高设计的时效;同时也是一种和系统论方法结合的设计方法论。

第四章 现代设计的发展趋势

4.1 我国现代设计概述

4.1.1 现代设计现状

如今的现代设计已经和人们的日常生活紧密联系在一起,渗透到各个领域之中,并且和多学科相互关联,发挥了更大的作用。现代设计不仅仅解决了人与产品的使用关系,更涉及人与人、人与环境、人与自然之间的协调发展的关系。在当今世界中,现代设计作为发展技术密集型产业的重要环节,被视为国家经济战略的重要组成部分。目前世界的现代设计格局呈不均衡、多元化发展。世界现代设计的格局和世界经济格局形式有一定的相关性。设计强国主要集中在欧洲多国、美国和亚洲的日本。

我国香港地区的现代设计行业较为领先,与欧美地区的交流一直较为频繁。香港在玩具、石英产品、电子产品、塑料产品等方面具备大量的设计人才,并且是相关产品的世界第一大生产基地。

中国大陆现代设计初现端倪的时间是1920年到1930年间,当时上海的商业美术设计、建筑设计、书籍设计一枝独秀。但随后的侵华战争使得中国的多个城市相继沦陷,现代设计的前进脚步停滞不前。新中国成立后,国家经济刚刚起步,基于当时的经济情况,现代设计着重发展传统手工艺,并达到一定水平。但片面发展手工艺的现代设计还不算真正意义的现代设计,在设计水平及结构上与完整的现代设计概念存在较大差异。中国真正意义地走上现代设计之路,是在改革开放以后。

改革开放后,中国的经济迅速崛起,对外文化交流更加频繁,更多的西方现代设计理念逐渐传入国内。随着现代的工业、制造业的发展,国内的设计经历过了简单的模仿西方经典,大规模"量"的生产阶段。之后经过生产需求、市场需要的引导,人们越来越认识到通过现代设计的手法提高产品"质"的水平在现代市场竞争中的重要性。规模化的需求直接刺激了设计行业的发展。现代设计就乘着这样的经济浪潮扬帆起航。在工业设计、室内设计、包装设计、书籍设计、广告设计、建筑设计、环境设计等方面都取得了巨大的成绩。

当然国内目前的现代设计水平距离欧美等发达国家仍然具有明显差距。受到历史遗留的影响,国内的设计仍保留着较多的模仿,欠缺自主创新能力,国内设计人员整体上缺乏综合的设计创造能力等弊端。这也是目前所有设计工作者需要不断努力改进的。

4.1.2 现代设计教育现状

历史上,西方的现代设计教育出现较早,也是伴随着现代设计的出现而产生。经历了英国工艺美术运动现代教育思想的萌芽,在德国乌尔姆学院确立了现代设计教育的基本体系,这是现代教育初步完善的阶段。最终欧美日等世界设计发达国家在德国基本的教育体系的基础上,结合自身特色、生产设计需要,创造了各个地区的多样的教育体系。

当前现代设计的教育情况和设计水平一样,呈现多元化的格局。这也和各个国家不同的经济建设水平相关。然而,经济水平相当的国家也在现代设计的教育方式上存在着不同,这是多种社会因素造成的。

我国香港地区的现代设计教育水平较高,现代设计的教育体系受欧美国家和日本的影响较大。许多香港高校设有现代设计相关专业,如香港理工学院设计系、香港城市理工学院设计系、正形学院、香港中文大学艺术设计系等。为设计行业培养了大量的满足市场需要的人才。

中国大陆的设计教育,虽然早在新中国成立之前就有对西方的设计教育理念部分的引入借鉴,但是设计教育只停留在"工艺美术教育"的范畴。真正意义上的现代设计教育的成型期,是在改革开放以后。随着经济复苏发展、文化的解禁,一些欧美和日本的先进的现代设计教育理念逐渐传递到国内,同时一批有志青年出国学习西方先进的设计教育方法,推动了国内现代设计教育体系的逐渐成形。我们国家的现代设计教育体系可以说也是发展飞速的。20世纪90年代后期,在"高等教育产业化"的背景下,大量高校开设或扩大自身的设计专业,这为国内的设计行业提供了大量的设计人才和勃勃生机。据不完全统计,1999年全国开设设计科系的高等院校系已达到400多家,每年培养现代设计艺术人才约3万人。当然,国内现代设计教育体系构建时间尚短,设计教育的快速膨胀会带来一系列新的问题,这也需要国内设计教育行业一起不断的探索实践。目前,我国的现代设计教育体系还未能达到一个完全成熟的阶段。

4.2　走向未来的设计

4.2.1　绿色设计

随着科技与经济的高速发展、人口的迅速膨胀,人们开始意识到环境、资源与人口三者之间不可调和的矛盾。尤其是现代工业生产中的资源挥霍、环境污染,让雾霾、酸雨、沙尘暴等危害人类健康的气候成为家常便饭,山体滑坡、水土流失、地震、洪水等自然现象也频频发生。人们开始思考在人与自然之间找到一个平衡点,形成和谐相处的可持续发展的良性循环。于是,绿色设计应运而生。

绿色设计在产品开发的所有阶段均考虑环境因素。通常的概念是:在产品整个生命周期内,着重考虑产品环境属性并将其作为设计目标,在满足环境目标要求的同时,保证产品应有的功能、使用寿命、质量等要求。绿色设计的原则被公认为"3R"的原则,即Reduce(减量化)、Reuse(再利用)、Recycle(再循环),减少环境污染,减小能源消耗,产品和零部件回收再生循环或者重新利用。

在我们的生活中,绿色设计无处不在,波及人们的衣食住行各个生活领域。在穿衣上,人们喜爱棉、麻、丝等纯天然材料;在饮食方面,人们偏爱绿色无公害食品;在交通出行上,推行绿色交通,鼓励乘坐公共交通同时发展绿色新能源汽车等;特别是在建筑上,绿色低碳建筑一直是建筑设计领域的前沿和趋势。就绿色设计内容来说，一般主要包括三个方面：绿色材料的选择、可回收性设计、可拆卸性设计。

4.2.1.1 绿色材料的选择

绿色材料是指在满足一般功能要求的前提下，具有良好的环境兼容性的材料。选用材料时应遵循开源节流的原则，从开源的角度选择低能耗、少污染、无毒、无害的材料，从节流的角度选择可降解、可再生、可循环利用的材料。

4.2.1.2 可回收性设计

可回收性设计（DFR, Design for Recycle）是指在设计时考虑其零部件回收并在其他的产品中利用回收的零部件及材料。资源回收和再利用是绿色设计的主要目的之一，一般包括原材料再循环和零部件的再利用两种。可回收性设计主要包括以下几个方面的内容。

一、可回收材料

产品报废后，其零件及材料能否回收，取决于其原有性能的保持性及材料本身的性能。也就是说，零件材料能否回收利用，首先取决于其性能变化的情况。这就要求在设计时必须了解产品报废后零件材料性能的变化，以确定其可用程度。在做可回收性设计时，会对材料的可回收性用序号和颜色加以标注，这样在回收时可以更快更好地掌握可回收的部分，加快回收速度和减少回收成本。在国外，往往采取"谁生产，谁回收"的原则，因此不同的公司会有自己的回收标准。如美国的施乐公司（后被日本富士收购）就建立一套材料体系，设计者按照颜色和编号选择设计材料，而供回收者则按照部件上的颜色和号码进行回收。

二、材料回收方法

材料的回收方法是可回收性设计中必须考虑的重要问题。针对不同材料的不同特性，材料回收的方法大致有三种：一是针对性能没有变化的材料，可以直接回收利用，如玻璃啤酒瓶、饮料瓶等；二是针对性能变化较小的材料，可以稍作加工，如食品袋可再处理变为购物袋、垃圾袋等；三是针对性能变化较大的材料，还需采用特殊的处理方法进行加工，如老化的旧轮胎，可以通过破碎、磨粉和炼油的手段对这种长时期不能自然降解的旧橡胶进行再利用。

三、可回收性经济评估

可回收性经济评估是指在产品达到使用寿命后，其使用能耗大大增加，将其报废回收比继续使用更为经济，且有利于环境保护。因此在设计中要对产品回收的经济性进行分析评价，确定其使用寿命。如美国塑料协会就曾拿出100多万美元的资金给其下属的汽车回收中心，让其组织工程技术人员在一年内共同拆卸了500辆汽车，以求从中获得面向回收的设计规则和建立的经济性评估数学模型。

四、可回收性结构设计

可回收性结构设计的对象通常是产品零件的回收，而方便、经济、完好无缺地从原有产品中将零件拆卸下来是零件顺利回收的前提条件。因此，可回收性结构设计的重点是产品的可拆卸结构，优良的设计结构可以缩减每次拆卸的时间，降低生产成本，提高产品回收的经济性。

4.2.1.3 产品的可拆卸性设计

可拆卸设计（DFD, Design for Disassembly）是在设计初期在满足功能的前提下考虑到产品的可拆卸性，使得产品易于回收和重新利用。产品的可拆卸性的重要性主要体现在三个方面。

一、产品回收

产品的可拆卸性是产品可回收性的一个重要条件,直接影响着产品的可回收再生性。我国是家电的生产大国,以家电为例来说明拆卸回收问题的迫切性和重要性。目前我国的家用电器的报废数量大得惊人。2004年,我国年电脑报废2 000余万台,汽车200万辆以上,电冰箱400万台,洗衣机、电视机均各500万台以上。如果不能对废旧机电产品回收利用或者处理不当,不仅会造成大量资源的浪费,还可造成严重的"电子垃圾"等社会公害。拆卸是产品回收重用的前提。

二、产品运输

对于大型产品的运输,考虑到运输工具的实际空间容纳力的大小和承载能力,对产品按照重量和体积大小进行拆卸,达到运输目的,然后再进行组装。

三、产品维修

要实现产品的易于维修,必须在设计时考虑产品的可拆卸性。易损件要易于拆卸、维修或者更换。在设计时尽可能简化结构和优化性能,并选用标准件,减少零件的多样性,以便于拆卸、更换,降低对拆卸的成本,方便维修和维护。

4.2.2 生态设计

生态学最早是研究生物与环境关系的科学。随着人类发展和环境矛盾的日益突出,生态学衍生出许多人类生态的研究方向,生态设计便是其中重要的分支之一。生态设计就是将环境因素纳入设计之中，从而帮助确定设计的决策方向。我们常常将生态设计运用在环境设计领域内。

4.2.2.1 生态城市规划设计

随着城市化进程的不断加速，城市问题不断涌现，人与城市环境的矛盾不断激化，严重影响了人们生活环境和生活质量。在这样的时代背景、社会背景下进行城市规划设计时，除了考虑经济、社会、文化因素以外，生态环境因素是设计者不得不优先考虑的因素，只有在满足环境保护的大前提下，同时兼顾其他三方面因素，才能实现可持续发展。

城市规划中的生态设计目前主要集中在城市的选址与布局结构设计上，只有以生态设计作为规划设计的前提，才能最大限度避免破坏生态平衡从而造成的极大损失。将生态设计手法融入城市规划设计中，落实到具体操作上，则是应该为城市制定完善的生态体系规划，并将其渗透到规划的各个阶段中。对珍惜的环境资源加以保护，利用城市原有的生态基础，加强城市绿化建设，严格划定绿地面积，科学安排绿地布局，推进节约用水，加大中水的再利用比率，提倡污水的生态化处理等。只有将生态设计融入城市规划设计中，城市规划走上生态化发展道路，才能促进城市各个方面的良性循环，从而保证城市的经济效益、社会效益与环境效益三者之间的互利共赢。

4.2.2.2 生态建筑设计

所谓生态建筑设计，是在设计初期考虑到当地的自然生态环境，将生态学理论、建筑设计理论和现代科学技术手段结合，使建筑与环境之间形成一个有机的结合体。通过建筑内部生态系统的有序循环,达到高能效、低能耗、无污染的生态平衡的目的。同时平衡的生态系统还有利于创造良好的室内气候和具有较强的气候调节能力,满足人们对生活空间舒适性的需求,使人、建筑与自然环境三者之间形成一个良性循环,做到真正的生态平衡。

生态建筑设计的设计方法主要表现为:尽量利用风能、太阳能等无污染、可再生能源,了解当地的主导风向,合理安排建筑位置和朝向,注重引入自然通风,自然采光与遮阴,采用多种绿化方式改善小气候,引入雨水收集系统,增加水的循环利用,注重垃圾分类处理以及充分利用建筑废弃物等。例如位于南宁市的南国弈园,是2011年完成建设的具有特殊文化内涵的建筑,建筑设计采用了生态设计的手法,利用太阳能板供能,建筑立面设计成可以旋转的百叶,以调节自然风和采光遮阴。该建筑投入使用后,每年可节约用电24万

图4-1 南国弈园效果图

图4-2　生态建筑自然通风分析图

图4-3　自然采光分析图

度,减少78吨二氧化碳、0.3吨二氧化硫、0.2吨氮氧化物的排放,达到二级生态建筑的标准(如图4-1～图4-3)。

4.2.2.3　生态景观设计

生态景观设计是将生态学、环境学等基础学科的知识与景观设计结合进行城乡景观设计。在设计过程中,充分利用基质、斑块和廊道,以达到资源的优化配置,最大限度地减少对环境的破坏,保持生态平衡,维护城市自然景观的整体性和连续性。景观设计原本就

第四章 现代设计的发展趋势

是使城市与自然协调发展的一门学科。在与生态设计相结合后,能够使景观设计在满足人们休闲娱乐需要的功能上,最大限度地发挥生态效益,优化城市环境,使城市与自然环境之间形成良性循环,达到生态系统平衡。这种具有可持续发展性的生态景观设计将成为景观设计发展的必然趋势。

哈尔滨群力公园是全国首个应用生态景观设计方法设计的雨洪公园(如图4-4、4-5)。它将原本面临消失殆尽的湿地重新恢复,一方面湿地作为城市的绿化,解决城市的环境污染问题;另一方面

图4-4 哈尔滨群力生态公园湿地

图4-5 哈尔滨群力公园游憩空间

71

形成的湿地可以解决雨洪的排放和滞留，使城市免受洪涝灾害威胁。同时，恢复的湿地系统加上利用当地现有的生态材料建造的栈道、观光亭、观光塔等景观小品，营造出一个生态为主兼顾休闲的多功能城市公园，为城市居民提供休闲娱乐的空间场所。

4.2.3 人性化设计

4.2.3.1 人机工程学

人机工程学是一门新兴的科学。它源起欧洲，形成发展于美国，在美国称为"Human Engineering"（人类工程学）或"Human Factor Engineering"（人类因素工程学）。在我国，所用名称也各不相同，如"人类工程学""人体工程学""工效学""机器设备利用学"和"人机工程学"等，为方便学术交流和学科发展，现在常统称为"人机工程学"。人机工程学的定义如下：把人—机—环境系统作为研究的基本对象，运用生理学、心理学和其他有关学科知识，根据人和机器的条件和特点，合理分配人和机器承担的操作职能，并使之相互适应，从而为人创造出舒适和安全的工作环境，使工效达到最优的一门综合性学科。

对于一件产品是否符合人机工程学规范，德国Sturlgart设计中心制定了以下标准：

① 产品与人体的尺寸、形状及用力是否配合；
② 产品是否顺手和方便使用；
③ 是否能防止使用者操作时意外的伤害和错用时产生的危险；
④ 各操作单元是否实用，各元件在安置上能否使其意义毫无

疑问的被辨认；

⑤ 产品是否便于清洗、保养及修理。

4.2.3.2　以人为本

人性化设计和之前谈到的绿色设计、生态设计不同，是因为后两者把对自然、环境的关注放在首位。而所谓的人性化设计则是关注产品的使用者——人，那么其设计的首要原则就是"以人为本"。通常人性化设计是指在设计过程当中，根据人的行为习惯、人体的生理结构、人的心理情况、人的思维方式等，在原有设计基本功能和性能的基础上，对建筑和展品进行优化，使观众参观起来非常方便、舒适。是在设计中对人的心理生理需求和精神追求的尊重和满足，是设计中的人文关怀，是对人性的尊重。

人性化设计以人机工程学为基础，只要是人使用的产品，都应在人机工程学上加以考虑，产品的造型与人的尺度是一致的。比如说，我国著名的飞行员在中国换装苏制先进战斗机苏-27时就曾这样说："尽管苏-27有许多优点，但我认为苏-27不适合中国人，比如飞行员身材、观察方式及飞行习惯等都有区别。"其主要原因不是飞机不好，而是飞机设计时没有考虑中国飞行员的人体尺度，导致中国飞行员在驾驶中不能得心应手，在做某项原本只需要动手的操作时却不得不用身体其他部分去配合完成，操作的准确性降低，危险性增大。

4.2.3.3　无障碍设计和通用设计

无障碍设计这个概念是由联合国组织提出的设计新主张。它强调在科技高度发展的社会，一切关于衣食住行的公共空间和各类建筑设施、设施工具的构思设计，都必须充分考虑具有不同程度生理伤残缺陷者和正常活动能力衰退者（残疾人和老年人）的使用需求，配备能够满足这类人群需求的服务装置，营造一个充满爱与关怀的现代生活环境。

无障碍设计是人性化设计的一部分，专门针对弱势群体如残疾人、老年人等，随着时代的发展，人口老龄化现象会越来越严重，因此无障碍设计会越来越受到重视。

无障碍设计一般包括无障碍设施和无障碍的产品设计。无障碍设施一般指为保障残疾人、老年人等群体的安全通行和使用便利，在建设项目中配套建设的服务设施，例如盲道、无障碍通道、无障碍厕所等。无障碍的产品设计一般指针对某种生理伤残缺陷而设计的补救措施或工具，比如盲人电脑（图4-6）、盲人指示牌等。不可否认，无障碍设施的使用者往往被看成一种特殊的人群，这种特殊性甚至会带有一些歧视性。在多年的探索中，美国提出了通用设计，其设计目的与无障碍设计相似，都是为了满足弱势人群的各种需求，只是设计思路做了调整，无障碍设计是专门为弱势人群设计，普通人群无法使用。而通用设计是在普通人群使用的基础上，通过改良设计，也能同时满足弱势人群的需求。通用设计的服务对象是所有人群，这种设计思路更利于营造没有障碍和歧视的城市环境和生活环境。

图4-6 盲人电脑

4.2.4 数字化设计

4.2.4.1 计算机辅助设计

1945年世界上第一台电子计算机问世以来，人们就致力于挖掘计算机强大的运算功能处理各种事物。20世纪50年代，在美国诞生了第一套计算机绘图系统，于是具有简单的图形输入输出功能的计算机辅助设计开始出现。

计算机辅助设计，是指用计算机及其图形设备帮助设计人员进行设计工作。在实际设计中，计算机可以帮助设计人员担负计算、信息存储和制图等项工作，可以对不同方案进行大量的计算、分析，以此决定最优方案。各种设计信息，不论是数字的、文字的或图形的，都能存放在计算机内并被快速检索。通常来说，设计师完成手稿设计后，剩余的程序可以利用计算机辅助设计系统完成，这将有利于进行设计方案的编辑、修改，缩短设计过程，提高设计师工作效率。

如今，计算机辅助设计已在建筑设计、电子和电气设计、机械设计、服装设计、工厂自动化设计、艺术设计等各个领域都得到广泛应用。随着数字化、信息化时代的飞速发展，计算机辅助设计技术会不断进步，不断扩展，增加新的功能，涵盖更多的行业领域，满足设计师的更多需求。

4.2.4.2 信息设计

信息设计通常指通过对信息进行处理的技巧，从而提高人们接收信息的效能。信息设计是多学科交叉研究的领域，它作为平面设计的一个分支，却又区别于传统的平面设计。它从平面设计中脱离而出，自成体系。信息设计的主旨是进行有效的信息传递，而传统平面设计提倡精美的艺术表现形式，这是两种不同的发展方向。

信息设计的主要内容，是交互界面设计。在美国，信息设计工作主要由从事网站设计的平面设计师完成，设计师不仅要考虑界面提供给使用者的审美需求和心理感受，同时还要接收使用者提供给电脑的交互信息。当电脑了解了使用者的需求和喜好后，还要利用文字、图形、图表等信息通过科学合理的设计组合反馈给使用者，完成一次信息交互传递的过程。有了这样的信息传递和交流，人们就能更为准确快速地给电脑下达指令，并及时得到电脑的信息反馈。信息设计的对象人群非常广泛，可以是城市公众，例如城市公共资源的导向系统、城市公共交通导向系统，也可以是特定人群，如为某些公司设计的信息系统，针对某些人群提供的信息资源等。因此，越来越多的国家和企业都意识到信息设计的重要性，也由此催生了提供信息设计的专业公司。各高校也都开始重视这一新兴专业教育，信息设计是未来的一种趋势（如图4-7）。

机器人设计则是在信息设计基础上更为复杂的一门科学（如图4-8）。人与机器的信息交互不再局限于文字、图像，而是发展到

图4-7　苹果产品的界面设计

图4-8　上海世博会日本馆的机器人

了语音、肢体动作甚至是一个眼神,而机器人给你反馈可以是语言、音乐甚至是舞蹈,同时还能完成你下达的各种命令。机器人不再是冷冰冰的机器,而更像有思维、有情感的人。这种智能机器人设计会在未来不断发展,是一个必然趋势。

4.3 传统文化的设计传承与发展

4.3.1 传统文化的传承

早在几千年之前,聪慧勤劳的祖先们就已经开始使用各种图形符号进行传情达意,新石器时代盛行的彩陶纹样和刻画在崖壁上的各种岩画符号已经把人类最早的对自然的认知与理解和他们内心的希望和期望记载下来了。伴随时间之推移、历史之变迁和科学技术及工艺材料之不断演化,以及外来文化的不断融合,这些图形不断地延伸和衍变,形成了具有中国特色的民族传统文化符号体系,传统文化是民族的身份证和象征,是中华民族区别于其他民族的唯一标志。

前文中我们谈到的绿色设计、生态设计等,其核心思想是人与自然环境的和谐,这与中国传统文化中"天人合一"的设计哲学是完全一致的。古代中国人对自然的态度就是崇拜的、虔诚的,以期融入自然、与自然和谐共处。现代人在承受了环境、资源带给我们的种种威胁甚至是迫害之后,提出的所谓的绿色、生态设计理念。而早在几千年前我们的老祖宗就已深谙此道,用他们的智慧驾轻就熟地设计了大到都江堰、灵渠,小到草绳网、装酒的葫芦瓶等。所以如果后人懂得合理学习传统文化，对现代的正常生活、科技发展都是有启示的，反之，社会的发展与进步会走很多的弯路。

如今的世界发展过程是一个向多极化、全球化发展的过程，百家齐放、百家争鸣，各种思想和文化相互激荡又相互影响，对于设计界来说，传统文化就是现代设计的一片沃土，在传统文化中不断汲取养分，是现代设计不断发展和前进的动力。设计师必须具有辩证的整体性思维，能对优秀的东西给予发扬，对消极的因素进行处理，跳出历史的圈子，实现传统的跨越，形成符合现代化又具有传统文化底蕴的崭新文化。

在经济全球化时代，我们应当尊重自己的民族传统文化，传承、发展传统文化，以应对全球化的挑战。

4.3.1.1 传统文化的重构

传统文化是一个抽象的概念，内容之大、范围之广，让设计师守着这块蛋糕却不知如何下嘴。实则，在现代设计中，传统文化要从抽象概念变成具体形式的方法往往"仁者见仁，智者见智"。但有一点是可以肯定的，就是不能全盘照搬传统，走极端的"拿来主义"道路。不管是"拿来"我国的传统文化，还是"拿来"西方古典主义形式，这种纯粹的不分时宜的复制和粘贴，在当下信息发达的社会是一种普遍的传染病。而以这种形式的设计来传承传统文化是一种低劣、粗俗、无耻的剽窃行为。但放眼当下，这样的传染病传播迅猛，打着"山寨文化"的旗号在我国大江南北泛滥，山寨天安门、山寨白宫、山寨的运动品牌、山寨的电子产品等，甚至山寨的白宫还堂而皇之地成为政府办公楼、法院、海关等政府部门的形象和门面，这就好比在脸上刺着"小偷"二字招摇过市，不以为耻，反以为荣。

第四章　现代设计的发展趋势

在现代设计的过程中,要求对传统文化进行重构,进行再创造。重构是指通过对原形的基本结构、基本特征或者典型形态进行提炼、简化或者夸张,使原形以另一种新的形态展现出来。也就是将传统文化符号提炼成抽象的符号,使这些符号在保持审美内涵和文化认可的同时,利用设计的语言和方法对

图4-9　凤凰卫视标志设计

这种符号进行重构,使之顺应时代要求,成为饱含优秀审美思想和智慧的具有中国文化特色的现代设计。如凤凰卫视中文台的台标(图4-9),主体为一凤一凰,代表一阴一阳,使用了传统艺术形式中"喜相逢"的结构形式,凤凰二鸟两两相对旋转,共用一个头冠,凤尾和凰尾并不闭合,突出开放的特点,体现了现代媒体的特色。整个台标设计沿用了中国传统文化中凤凰吉祥如意的含义,既与凤凰台的含义相符又符合时代特色,反映出一种厚实的文化底蕴和设计水平。

4.3.1.2　传统文化的象征性

中国传统文化符号作为一种特定符号,它具有美学功能,同时又具有社会功能。这种双重性使它具有丰富的表现力,同时也使它具有象征性。在这一点上,我国很多成功的设计师已经将中国传统文化的象征符号逐步进行挖掘,并将它发展成为现代设计中具有文化内涵的元素。比如"苛政猛如虎",因为苛政是一个非常概念的事物,用猛虎的造型就使苛政形象化了,我们能深刻体会到苛政的形象的气质;比如汉字"忍"字的造型,就是把心放到刀口上,生动

79

地形容了忍耐的刻骨铭心；比如富贵竹，象征着财富和幸福；龙的图案，象征着使命和力量；金元宝造型装饰品，象征着生意兴隆；梅、兰、竹、菊象征着坚毅、纯洁、向上、诚实；万字纹、云纹、多宝格、回纹、雷纹、太极纹、中国红色结等传统图案都意义深远、内涵丰富。诸如此类都体现了我们中国民族传统文化的象征性。

如今，我们生活在一个高度现代化和信息化的快速发展社会中，再加上新材料和新技术的不断涌现使我们目不暇接，伴随而来的新观念、新思想和国外的种种艺术思潮的不断涌入对中华民族的传统文化和现代设计带来了前所未有的巨大冲击，使我们设计师面临着设计中关键的两个问题：一个是如何设计出具有我国特色的产品的问题，另一个是如何超越传统的问题。

违背传统而对西方现代艺术完全地模仿或简单地借用会使我们的现代设计丧失民族个性，中国的现代设计要走出一条属于自己的路子，必须要建立在我们自己的传统文化基础之上，才能使现代设计更加具有文化性、社会性和个性。在这种设计的过程中，我们首先要考虑的就是传统文化的象征性，把中华传统文化的象征性运用到现代设计理念中去。这种运用并不是简单的叠加，必须摆脱传统美学的表象，通过探寻深层次的精神领域，融合中国传统文化深刻内涵，寻找两者之间的契合点，才能设计出真正属于我们自己民族的产品，同时又能被国际社会所认可，也是对中华传统文化的一种升华。如图4-10，冰裂纹挂钟的设计。冰裂纹是我国传统木雕图案中

图4-10　冰裂纹挂钟设计

第四章 现代设计的发展趋势

的一种，是一种源自自然的看似杂乱的纹理，实际上却有规律可依循，每条线段除去两端后，与其他线段的交接都不超过两个点，而且都不垂直，任何两条线段都以"人"字形相交，并且都以五边形、四边形或三角形为基本形。冰裂纹虽源自自然冰块裂开的纹理，但是却有着深刻的象征性，王充在《论衡·状留篇》中这样写道："河冰结合，非一之日寒；积土成山，非斯须之作。"冰裂纹在古代常被用于书房的装饰中，象征着读书人要刻苦钻研、持之以恒，才能成为人上人。这个冰裂纹挂钟设计恰当地把传统冰裂纹与现代时钟相结合，正是把持之以恒与时间的流逝两种意义相结合，使传统文化的象征性得到升华，使现代挂钟设计有了传统文化的烙印，是一件具有象征意义的现代设计作品，是成功的设计。

但是如果我们的现代设计只是单纯地考虑传统文化的象征性，停滞在传统文化的限制里，没有新鲜东西引入，就会导致传统文化发展的滞固。要使传统文化的象征符号在现代设计中得到延伸和发展，就必须融入新的技术和意识观念，进行不断更新和拓展。新的思维方式和观念的融入会使我们用更新的思考维度审视中华传统文化象征性符号，新材料和新技术的使用也给我们传统文化的再创造提供了更多的可能性。如图4-11，是Gudi创始人韩东设计的《流光》系列产品之一——木梳。使用的材料是木材，木材是我国最原始的制作劳动工具的

图4-11 集新技术、新工艺、新理念于一身的木梳设计

材料,在中国有着悠久的历史,是中国人民最喜爱的材料之一。但是木材有怕水、易霉、易裂的特性,作者为解决这些问题,以传统的三底两面漆经过十道工序反复打底,用新式的丙烯颜料又采用我国传统的国画技术进行描绘图案,在图案上又加上一层环保水性漆来加强表面效果。这是一件集传统文化与新技术、新工艺、新理念于一身的设计作品。

中华传统文化象征符号有着广泛的题材、多样的形式、丰富的内涵,是其他艺术形式无法替代的。把中国传统民族文化的象征符号与现代设计相结合,是历史交给新一代设计师的伟大任务。

4.3.1.3 传统文化的概括性

传统文化的传承设计还要具有概括性。思维的概括性主要是指把同一类事物的共性归结起来,来认识此类事物的特性和理解其与其他类别事物的区别和联系。比如,人类的思维可以把不同相貌的、不同大小的、不同颜色又有共同特征的动物归为一类,如称为老虎,又能把老虎、狮、豹等动物按一定的相同因素分类称为猫科动物,又可以把猫科动物与其他动物一起称为动物。这种人类大脑的认知活动就是在人类不断总结经验的过程中得出的不同层次的总结,是属于层层递进的一种总结与概括。人类思维的这种概括性,加强了人类对客观事物更深层次的认知,能认识到事物的内在必然联系,能总结出事物的必然规律性,有助于人类适应现实环境,从而进行控制和改造。

在自然界中,每天一切都发生着变化。一年四季,每个月,每个月里的每一天都在变化,这是季节、天气的变化。树木、花草的繁茂、凋谢,这是植物的自然生长规律。青蛙从出生时的一颗颗小圆点,到慢慢长出尾巴,再慢慢长出脚,到最后慢慢形成青蛙的造型,这是动物的生长规律。人类也是这样,生老病死,悲欢离合,每天都是新的一天。只要我们设计师有概括性的思维,这些对于设计师都是创作的灵感所在。

诸如以上所说,对于无时无刻不在变化着的自然形态,通过我们设计师的提炼和概括,都能形成创意设计。对于传统文化的传承更要注重概括性,才能反映传统文化的精髓。如图4-12,鱼的概括性图案设计。在中国春节这一天都要吃鱼,因为"年年有余",就是根据鱼的谐音"余"而产生的一种风俗习惯;同时因为鱼的繁殖能力很强,所以用其期盼多子多孙;在中国还有"鲤鱼跳龙门"的说法,用鱼来体现中国人望子成龙、望女成凤的愿望。因为这种种原因,鱼在中国是一种吉祥物,这种自然形态被人们赋予了主观的含义,并频繁用于各种装饰中。图4-12便是对鱼的形态经过概括提炼,形成的一种新的形态,生动、自然、有趣,并具有中国传统文化意义。

图4-12　鱼的概括性图案设计

对传统文化的概括,主要介绍以下四种方法。

(1)分解转化的方法。就是在原形态中提炼出对于我们设计有用的元素,再采用新的表现载体,创造出新的造型。如图4-13,中国老百姓都知道,龙是鳞虫之长,凤是百鸟之王,都是吉祥之物,龙凤相配更是吉祥,称为"龙凤呈祥"。图4-13就是把传说中的龙凤提炼成新的图形,并用文字的形式体现出来,形成美术字"龙凤"二字,有力地呈现了龙凤呈祥的意境。

图4-13　龙凤呈祥

图4-14　传统手工艺品

图4-15　彩陶鱼纹

（2）分解重组的方法。将原形分解、打散、切割，打破原形的组织结构形式，重新排列，这属于真正意义上的分解。分解时候应该保留最有特征的那一部分，切割的时候应该选择相对美的那一部分。如图4-14，是用中国传统的材料——竹、麻等材料打散重组成一个新型的手工艺品。

（3）抽象化的方法。掌握原形的基本形态、基本结构、典型特征，加以简洁化、提炼和夸张，使原形得到简化和变异，最后促成自然形态向抽象形态的转化。如图4-15，原始彩陶上的鱼形纹饰，是由自然形态的鱼演变成为几何点、线、圆形，使原形得到简化和变异，人们已经不能完全看到它的原形。这种手法使自然形态更加适应于装饰对象,更加有韵律,更加具有形式美感。

（4）添加组合的方法。掌握原形的可变因素,再对原形的局部元素进行延伸、添加,最后再重新进行塑造。如图4-16,图形是对编钟的外形进行抽象化,又与祥云图案结合,形成一个饱满的编钟图案。

图4-16　编钟祥云纹

纵观古今中外,所有传统艺术的传承方法,都是在原有造型的基础上不断转换和再创造,不同的是每一个时代的传统文化再创造都带有本时代的文化烙印、审美方式和思维模式。

4.3.2　现代设计的地域性文化传承

任何一个国家、地区在历史发展的过程中,由于地理位置、自然条件等的环境因素差异,必然形成地域之间不同的文化轨迹。这种文化轨迹是人类长期以来在与自然和社会的斗争和协调中发展出来的,每一种文化都有自己的独创性。

地域性文化一般是指特定区域源远流长、独具特色,传承至今仍发挥作用的文化传统,是特定区域的生态、民俗、传统、习惯等文明表现。它在一定的地域范围内与环境相融合,因而打上了地域的烙印,具有独特性。

在设计领域,一些现代设计发达的国家,设计中鲜明的地域文化特色往往是其参与市场竞争强有力的手段。如北欧产品设计,往往简单、纯净;意大利的设计往往优雅、浪漫,德国的设计简约、理性;美国的设计则自由、活泼。这些设计都因为高度重视本土文化,使设计具备了鲜明的文化识别性,从而在全球市场上获得成功。我国的现代设计也受到地域因素的影响。北方大方、干脆而直接,江南则秀气、细腻而精致,岭南沿海一带包括香港地区由于开放的地理位置造就了它们的设计风格具有前卫、新潮的特点。特别是传统园林领域,根据地域性体现的特点,分为大气恢宏的北方园林、精巧细致的江南园林和经世致用的岭南园林。还有在民居建筑领域,按照不同的地域建筑风格,大致有北京的四合院、上海的石库门、徽州的徽派建筑、闽南的土楼、黄土高原的窑洞、西南少数民族的吊脚楼、蒙古大草原上的蒙古包等,这些都是注重地域性传统的设计。如图4-17,是利用中国传统的扎染图案和材料设计制作的座椅,非

图4-17 具有中国地域性的座椅设计

常富有中国地域特征。扎染是中国民间传统而独特的染色工艺,是将织物部分结扎起来使之不能着色的一种染色方法,是中国人人皆知的一种传统工艺。

地域性文化的形成是长期的,表现形式是广泛的。现代设计中要根据当地的历史、文化、古迹和人文特色,抽丝剥茧,提炼元素,概括要义,取其精华,再通过艺术化、抽象化的设计手法进行重构,最终形成表现形式多样化、个性化的设计产品。

4.3.3 现代设计的民族性文化传承

世界上的民族,由于受不同自然条件、社会条件和经济条件影响,都会形成和其他民族不同的语言、文字、风俗习惯、思维逻辑、审美观念和价值观念。因而也会形成各式各样、风格迥异的民族文化。在我国广阔的土地上,生活着五十六个民族,每个民族都有各自的民族文化特色。北方民族大气豪爽,西北民族豪迈洒脱,中原民族踏实内敛,西南民族热情温婉。在长期的发展过程中,各民族文化相互碰撞又互相包容,最终表现出各民族融洽相处的和睦景象。

当下,在全球化背景下,文化出现多元化的趋势。就现代设计而言,若不想被淹没在国际主义的风格下,就必须突出民族性,彰显文化身份。鲁迅先生曾经这样说过:"民族的也就是世界的,越是民族化,越能为本国人民喜闻乐见,并在世界艺术中具有独特的价值。"

如图4-18,该图是壮族人民的特色工艺品绣球文化的宣传海报,因为绣球是壮族人民传统工艺品,用绣球元素作为海报设计元

图4-18 具有壮族特色的海报宣传
（设计：贾朝红）

素,体现了壮族的民族特性。

在现代设计中如何用设计的语汇来体现自己的民族特色、文化内涵,同时又符合当下的时代背景,成为当今设计中值得注重的问题。

第五章 铜鼓文化与现代设计的结合

进入21世纪的中国,无论是经济还是文化都已经与世界逐渐融为一体,世界渴望了解中国,中国更需要把自己优秀的文化介绍给世界。在这种背景下,在中国兴起了各种传统文化研究热潮,其中铜鼓文化的研究热潮也悄然兴起,而且研究领域也在不断地拓展,涉及冶金学、考古学、民族学、语言学、文化人类学、艺术学等领域。文化人类学家认为:"文化存在于思想、情感和起反应的各种业已模式化了的方式当中,通过各种符号可以获得并传播它。"之后的几个章节,我们主要研究铜鼓的美学原则在现代设计中的应用,让铜鼓造型符号在现实生活中得以传播和交流。

5.1 民族文化与现代设计的联系

5.1.1 民族文化概述

民族文化是由每个民族在它的发展过程中创造出来的有民族特

色的文化,是本民族赖以生存和发展的文化根基,包括精神文化和物质文化。住宅、饮食、衣着、生产工具等属于物质文化的内容;科学、文学、文字、语言、艺术、宗教、哲学、风俗、节日等属于精神文化的内容。如图5-1,壮族人民风俗习惯活动,属于精神文化的内容。

语言是民族文化的重要组成部分和具体表现之一,口头文学、日历、医学、科技等都显示了语言在不同的社会历史时期扮演着重要的角色。宗教也是民族文化的重要组成部分,在早期的阶级社会,宗教文化产生过巨大的影响,波及社会生活的许多方面,随着社会的发展,宗教影响着民族文化的兴盛和衰落。

民族文化的发展历史反映了国家的发展历史。在阶级社会中,民族文化的意识形态反映了剥削阶级和被剥削阶级两个对立阶级不同的利益、思想和世界观,涉及社会、政治、经济等方面。而在社

图5-1 壮族传统祭祀活动

会主义社会中，民族文化是一个有着全新的内容和形式的新文化，反映了人民大众的共同的文化价值倾向。在中国古代史上，民族文化中的不少思想观念与精神因素对巩固和延续封建的国家秩序起着重要的作用，因此也受到近代人的批判，其中所包含的哲学本质内涵的意识、道德和艺术思想部分，无论过去或现在对于培育民族精神、优秀品质或其他方面都起到了不可替代的正面作用。20世纪以来，中国文化一直在转型中进行着历史演变，传统民族文化受到了严重的挑战，有西方文化取代民族文化的趋势，经过一定历史阶段的波动和淘汰，大多数人仍然认为：传统民族文化中包含的民族精神，不仅反映了它的过去，也可以开发一个新的未来，特别是中华民族特有的优秀的民族精神品质，对于国家的进步，是不可缺少的。因此，民族文化的国家意义、民族意义得到了普遍认可，也同样意味着民族文化在任何一个国家都具有不可或缺的国家意义、民族意义，保护民族文化的特色，才会使民族文化具有世界意义。

民族文化还具有教育价值，所谓教育价值是指把民族文化作为学校教育的重要部分，它在很多方面的教育价值是一般知识教育和技能教育所不具备的。比如民族文化所蕴含的优秀的精神品质在经过动态解读之后，结合现代思想，能够在民族精神形成过程中起到深刻的影响作用；比如在民族文化形成过程中所产生的哲学、政治、道德、音乐、绘画、书法、舞蹈等方面的艺术作品，以及在建筑艺术、园林艺术、风俗习惯形成过程中凝结而成的审美意识等，都在形成现代民族性格、民族品格的过程中起到深刻的影响作用；民族文化对我们理解自然、理解生活、明智地处理人与自然的关系、人与社会之间的关系等方面也有良好的启示。这些影响和启示说明把民族文化作为学校教育的重要内容是有必要的，有利于指导我们正确且辩证地认识民族文化,取其精华、去其糟粕,指引我们前进的方向。

关于现代设计概述在第三章中已经详细讲述,在这里就不再重复。

5.1.2 民族文化与现代设计的联系

不同的文化有着不同的文化心理及心理逻辑,反映不同的价值观和审美观,它们在工业产品、建筑、服饰、环境建设等设计过程中起着不可忽视的制约和影响作用。所以说设计是社会文化的一个组成部分,它是在文化的发展、参与和限制下展开和完成的,反映了当时的文化价值观。

在设计发展的历史过程中,任何设计都与其时代的文化紧密相连。鲍列夫在他的《美学》中这样说:"艺术设计的过程需要重新组合客体,甚至有可能从各个方面借助组合的客体。迪扎因（design）似乎是通过文化来借用的,也就是通过文化加工的形式来借取。迪扎因的形式来自文化,正是在文化中,人们按照全人类的经验加工着有关存在的一切印象。"设计师切尔马耶夫也曾经说过:"历史的设计是设计的历史。"日本在十分短的时间内迅速地发展成为具有较高水平的设计国家,其中一个非常重要的原因就是他们的设计师在现代设计理念中融入了日本的传统文化,日本设计界曾对这种现象评价说:"对于在这种机械时代、信息化社会中的设计者来说,在设计中需要有效地利用日本人的传统,使其继续保持生命力。"

传统文化影响了设计的原则,影响了设计师的受众思维方式,影响了设计的形式体系,影响了设计的评价标准。尽管有些现代设计师认为自己的设计相当前卫,声称自己是"无传统"的,实际情况并不是这样,设计向来不是单纯的肆意作为,也不是单纯的个人行为。从表现语言、材料选用、表现技法等方面都受到传统文化的影响,传统文化通过对设计者的文化、心态、审美等方面的影响,从而影响到他的设计过程和结果。设计大师迈耶对此曾经这样评价:"现代的艺术家和设计师无法完全使自己脱离习俗,也不能仅因决定脱离习俗而突然声称为新史前派。"

在中国的现代设计中,也应该更加重视传统民族文化的继承与发展。现代设计是一种文化传播平台,理应成为宣传和传承民族文化最直接和最直观的有效手段之一。以传统文化为核心、以设计创新为前提、以新的材料形式为载体、与现代技术意识相结合,就是一种设计理念的创新。

5.2　民族图形的造型方法

民族图形是各民族在特定的时空环境和认知方式下,为传达民族的审美情趣、文化主旨和哲学观念,借助一定的载体,以工艺美术的手法,表现人物、动物、植物、天象、景物、神话、意念、宗教等的图画形态。每个民族图形的发展和积累都经历了很长的历史变迁,民族图形是以原始艺术为根基,在民族形成和生产过程中出现的,是人民在认识自然环境中、社会进化过程中的视觉和思维活动的产物。民族图形被先祖们创造出来,随着历史的脚步一代又一代传承下去,形成非常持久的文化形态。

民族图形的思想内容取决于社会的经济基础,是古代社会经济、政治、道德、伦理的反映。民族图形艺术中具有丰富深刻的文化意蕴,不仅反映了图形艺术形态表现的审美意义和社会意义,还拓展和延伸了艺术创新思维的主题内涵,激励着艺术家的本质和能力的挖掘。民族图形艺术融立体造型艺术与平面装饰彩绘于一体,并建立在实用功能之上,反映了造物与审美的统一。

民族图形的造型方法主要有以下几种方法。

5.2.1 想象造型

想象包括联想和幻想,人类根据自认为合理的因果关系和逻辑推理引发联想而产生各种物象,从而形成丰富的想象,形成无比精彩的艺术世界。

在民族意识形态形成的过程中,想象造型是人类对自然界和生活中的一些元素进行假想而形成的。一类是对于不理解的自然现象,人类一直在不断思考,最终为解决心理恐惧,只能通过想象出来的物象来安慰自己,寻找心灵的慰藉。另一类是对于生活中的权力、富贵、吉祥等要素的崇拜而产生的联想。

如图5-2中是在商周青铜器上常见的纹饰——饕餮纹,这是一种人类想象出来的神秘怪兽,是由兽面而产生的一种图案,也叫兽

图5-2 饕餮纹

面纹。饕餮纹有的像虎、像龙、像羊、像牛、像鹿,也有的像凤、像鸟、像人。但两只兽目,一般都炯炯有神,有一种发怒的威武感。商周统治者用这种狰狞恐怖的形象来表达王权的神秘威严,让被统治者望而生畏,以巩固其对地位、政治、权力、财富的占有。

再如,图5-3是我国汉代瓦当上的图案,分别是青龙、白虎、朱雀、玄武,也是我国古人想象出来的动物,在古人的心目中分别是分管东、南、西、北和一年四季的神兽,也是人们想象出来的图案造型。

图5-3　汉代瓦当上的青龙、白虎、朱雀、玄武纹

5.2.2 模拟自然造型

模拟是对真实对象、事物或者过程的虚拟和再现,模拟也是人类最基本的一项本能。人类在生活中遇到很多美丽的景象,总希望能够永远保持美好的事物,所以人类从一出生都有模拟的本能和冲动,比如模拟声音、动作和习惯等。把美好的事物保留下来最直接的一个方法就是把事物形象刻画在一定的载体上进行传承,所以从远古开始,人类就一直在学习绘制的技法。柏拉图和亚里士多德两位希腊哲学家都说:"模仿自然是艺术的本质。"在传统图案形成过程中,绝大部分是模拟自然的结果。

人类模拟自然的造型丰富多样、五花八门,有动物、植物、人物、自然景观、几何纹、文字纹等。

彩陶上的花纹图饰(如图5-4),有六个花瓣的花朵,朵朵相连、相互穿插、花花相通、组织巧妙。

彩陶上植物纹中,花朵和叶子的纹饰是比较常见的,而树纹却比较少见,图5-5就是彩陶上罕见的树纹装饰。

如图5-6中是陶器上的动物纹图饰。古人通过长期的艺术实践,也懂得了运用抽象的手法进行绘制对象,图上的动物图案,寥寥几笔,却生动形象。

如图5-7中是模拟自然景观的水纹装饰。根据不同形态的水纹采用不同圆弧和曲线组成,水纹自

图5-4 彩陶花纹

第五章 铜鼓文化与现代设计的结合

图5-5 彩陶树纹

图5-6 陶器上的动物纹

然流畅,变化多端。

几何纹是我国传统装饰中运用最多的纹样,常见的几何纹有回形纹、折线纹、圆圈、三角形纹、曲线纹、锯齿纹、弦纹、菱形纹、波线纹、万形纹等,这些几何纹实际上就是人类从生活中的具象造型中提炼出来的,充分说明了我国古人已经有了比较强的抽象表现意识(如图5-8)。

图5-9中是三星堆出土的青铜器上的文字装饰。人类发明了文字,并且有意识地把文字雕刻在各种器物上进行传播。

图5-7 彩陶水纹装饰

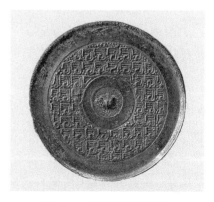

图5-8 青铜器几何纹装饰

97

图5-9 青铜器上的文字装饰

5.3 民族图形的构成原理

构成是指视觉元素在一定的载体上,按照视觉效果美的原则和力学原理进行组合和编排,我国古代人虽然没有学习过美的法则和原理,但是他们在长期的生活生产过程中,有着丰富创作经验,创造出来的图形同样具有现代美学的美感,是理性与感性相结合的产物。

用现代美学的观点总结起来,我国民族图形有以下几种构成方法。

5.3.1 适合造型

各个民族在其生活生产过程中,由于对自然生活的热爱和对美的追求,从远古开始,就把自己喜欢和崇拜的事物形象刻画在不同的生活器具上,代代相传,才使得民族图形在民族文化的历史变迁

第五章 铜鼓文化与现代设计的结合

中流传下来。历史遗留下来的文物遗迹上都刻画了多姿多彩的图形，以物载形，是民族图形固有的装饰功能，这就是现代设计中所谓的适合造型。

适合造型是具有一定外形限制的造型，造型素材经过加工和变化，组织在一定的外形轮廓线之内。适合造型具有严谨的艺术特点，要求造型的变化既能体现对象的特征，又能在一定的限制内穿插自然，形成独立的美感。民族图形都要通过一定的载体，比如通过彩陶、生产工具、墙壁等载体来表现，要求民族图形适合载体，又要表达完整，还要求结构与外形巧妙结合，与载体形成完美的整体。

图5-10中是马家窑彩陶中最为常见的水浪纹，又称"波浪纹"，形状像水流动的样子，有的表现海水波涛，称"漩涡纹"；有的单独成纹；有的作为底纹与其他纹饰结合组成新的纹样，比如与花组成落花流水纹，与鱼组合形成海水游鱼纹，各有情趣。水浪纹大多气势夺

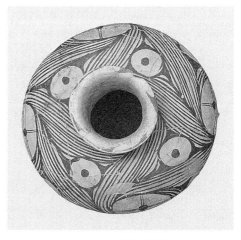

图5-10　彩陶水浪纹

人，蕴含了对盛世的张狂、帝王的威严和征服者对江山永固的得意之情。只见水浪纹与彩陶中的大小圆形形成一个圆满完整的造型，浑然一体，充分体现了古代人民对适合造型超高的认识运用、审美和制作技巧。

图5-11 彩陶舞蹈纹

再如,图5-11是青海大通县出土的彩陶,盆上画有人物舞蹈纹。它是由三组人物组成,每组由像黑影一样的五个人手牵着手组成,作舞蹈姿态,采用边饰的形式排列在盆口内沿。每个小人头上还有一条小辫子,迎风起舞,每人身上还有一条像尾巴一样的装饰物,动作整齐、外表统一,有浓厚的生活气息。特别是当盆里盛上半盆清水的时候,人物的身影映入水中,人影和水浑然一体,情趣盎然,别具新意。这一组人物造型是我国传统适合造型纹样里面的奇迹,是非常罕见的适合造型装饰纹样。

5.3.2 抽象构成

抽象是现代图形创造的方法,简单来讲,抽象的意思就是用最简单的方法表现物象。在表现的过程中,尽量表现出物象的典型意义,可以用夸张、修饰、强化等方法来达到目的。我国古代,抽象这个词并不存在,但是传统民族图形已经非常成熟地运用了抽象构成。

图5-12中是铜鼓太阳纹。太阳的光芒万丈在特殊情况下才可见,对于古人来说,表现太阳纹并不是一件简单的事情。而在铜鼓鼓面中心常见到的太阳纹饰却表现得异常形象和真实,抽象的光芒

第五章 铜鼓文化与现代设计的结合

图5-12 铜鼓太阳纹

辐射线好似阳光向四周传播，周围的晕圈又好像是太阳的中心散发着的无限高能量。古人就是从他们的生活经验中概括出了抽象的太阳纹。

5.3.3 转换构成

从原形到新形，从自然形态到抽象形态，都是一种转化的过程。我们现代人人皆知的自然现象，比如春夏秋冬是季节的变化，月亮有阴晴圆缺，是一种自然景象。但是在古代，人们并没有科学的认识到这一点，他们把这种自然存在的现象通过转换的手法表现为图形，来表达对自然现象的敬畏，比如用云纹和雷纹表达对自然现象云和雷的敬畏。同时他们也学会了用一种图形来表达一种

101

图5-13 龙纹

图5-14 羊纹

意识形态,比如用龙纹(图5-13)象征权力,用羊纹(图5-14)象征吉祥等。

5.3.4 打散构成

打散构成是指把几种整形进行分解,把不同物象上的局部形态重新组合,产生一个新的形态。

图5-15 麒麟纹

图5-15表现的是麒麟纹。麒麟是中国古代神话传说中的神兽,就是采用打散构成的方法想象出的一种物象,麒麟角像鹿、头像驼、耳像牛、眼睛像鬼、鳞像鱼、项像蛇、腹像蜃、爪像鹰、掌像虎、尾巴毛像龙尾。传说中性情温

第五章 铜鼓文化与现代设计的结合

和,能活二千年。古人把它制成各种饰物或摆件,用来佩戴或安置在家中,代表祥瑞,用来象征德才兼备、才能杰出的人。

5.4 民族文化与现代设计相结合的可行性

了解民族文化与现代设计的联系,掌握民族图形造型原理和构成方法,是为了更好地把民族文化运用到现代设计之中。为了证明民族文化与现代设计相结合的可行性,特从不同类型的设计里列举以下几个典型案例进行分析。

5.4.1 2008年北京奥运会会徽设计

2008年北京奥运会会徽(图5-16)的设计者是张武、郭春宁、毛诚。会徽由两个部分组成,上半部分是一个近似椭圆形的中国传统印章,上面刻着一名向前奔跑的运动员,运动员图形又像现代"文"字,象征中国历史悠久的传统文化。下半部分是用传统毛笔书写的"Beijing 2008"以及奥运五环的标志,明确表明了奥运会举办的时间和地点。整个色调以红色为主,红色是我国的代表性颜色,具有象征国家、喜庆、传统文化

图5-16 2008年北京奥运会会徽

103

的特点。传统文化与现代设计相结合,内涵丰富、造型独立、比例协调、整体和谐。

在这个标志中用到的民族文化元素有:印章、毛笔字、红色。

我国印章流行于古代,其稚拙、古朴、深沉、神秘的风格,令不同时代的人们有着不同的理解与追求。其中有一类印章上刻画着图画,称作肖形印。肖形印是我国在先秦时期就有的印章形式,两汉时期达到兴盛。标志上以印章造型作底纹,上面的白色图案像字又像画,寓字于画,融画于字,笔墨纵情,舞姿翩翩。

以毛笔书写的"Beijing 2008",体现着博大精深的中华传统书法艺术,同时这种有中国独特文化特点的书写方式还避免了在标志注册中因使用现成字体而可能出现的仿冒侵权法律纠纷。

巨型方印的颜色使用了象征中国的红色,积聚了大量的历史信息和富足的文化精髓。亚特兰大奥运会设计主任、2008年奥运会会徽参与者之一——布雷德·科普兰德,从一堆会徽设计方案中一眼就看到了"中国印",即脱口而出:"它是中国的。"

5.4.2 靳埭强先生的海报设计——《汉字》山、水、风、云

靳埭强先生是驰名中外的设计师,曾在各种竞赛中,获数百奖项。1979年成为首位入选香港十大杰出青年的设计师,1992年被选为20世纪90年代风云男士之一。其作品被德国、丹麦、法国、日本、中国香港等多个国家和地区的美术博物馆收藏,出版有著作《平面设计实践》《日本设计师对谈录》《海报设计》《商业设计艺术》《广告设计》及《商标与机构形象》等。

靳埭强先生的这四幅作品是在中国台湾应邀参加海报展中的作

第五章　铜鼓文化与现代设计的结合

品——《汉字》山、水、风、云（图5-17）。以中国传统的水墨为创作媒体，把中国汉字的实用性与艺术性、行草书法、设计与艺术、山水与书法、深浅干湿、传统文化与现代设计相结合，使用了对比与统一的表现方法，达到了平衡的视觉效果，带给人平和、安定、明净、和谐的享受。远看，好像是气势磅礴的行草，近看才发现是峰回路转、云山流水。

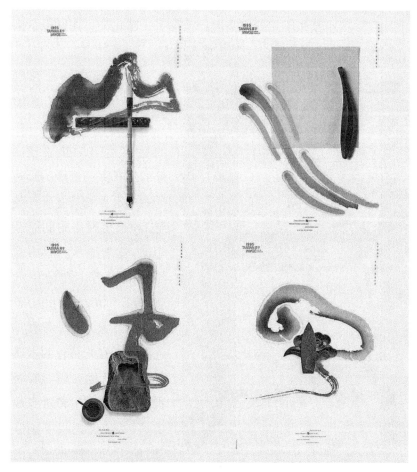

图5-17　海报作品《汉字》：山、水、风、云（设计：靳埭强）

105

5.4.3 朱小杰家具设计作品——睡美人

朱小杰生于中国，留学于澳大利亚，1994年成立澳珀家具设计公司。朱小杰先生有传统中国文化情节，同时又是个很现代的人，他喜欢用现代手法来表现传统的精神，特别擅长运用木头、竹子、皮革、金属、玻璃、塑料等材料结合传统文化进行设计。

图5-18中是朱小杰的家具设计作品——睡美人。在这个案例中他用到的民族文化有：水墨画、传统圈椅。

水墨画是一种独具中国特色的绘画艺术形式，是用具有本民族特色的毛笔、墨和宣纸表现抽象的具有深刻意境的绘画形式。水墨画具有肌理美感，和很多材质中的肌理相似，比如原木材料中的年轮肌理等。在图中的"睡美人"家具设计中，正是使用了乌金木，深咖啡色的肌理在米黄色的木质衬托下，就像一幅清新淡雅的水墨画，作者对像水墨画一样的肌理并不加修饰，给人以水墨画一般的视觉效果。

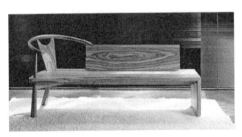
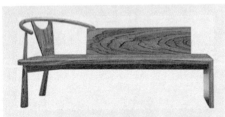
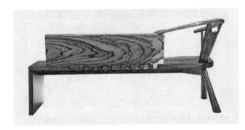

图5-18 家具设计作品——睡美人
（设计：朱小杰）

第五章 铜鼓文化与现代设计的结合

圈椅起源于宋代汉族,最明显的特征就是圈背连着扶手,从高到低一顺而下,造型圆润优美,体态丰满,不论是坐着还是靠着,都十分舒适,体现了功能与审美的完美统一。可见朱小杰的"睡美人"设计中后背的设计就是采用传统圈椅的造型与现代造型相结合的产物,使现代家具展示出具有现代时尚气息和浓郁的中国古典韵味。

朱小杰先生就是通过对中国传统文化的现代化表现,使中国传统文化的精髓在现代家具中得以折射。

5.4.4 2008年北京奥运会的主场馆——"鸟巢"

北京申奥成功以后,北京市政府和北京奥组委面向全球建筑设计单位征集2008年奥运会主体育场设计方案。中国建筑设计研究院与瑞士赫尔佐格和德默隆设计公司共同组成了设计联合体参与

图5-19 2008年北京奥运会的主场馆——"鸟巢"

107

竞标，由中国建筑设计研究院副总——建筑师李兴刚任中方设计主持人。2003年4月，其联合推出的"鸟巢"（图5-19）设计方案，成为十三个竞标方案中最后的胜利者。

由于场馆形态如同孕育生命的"巢"，所以称"鸟巢"，也有人说它更像一个摇篮，寄托着人类对未来的希望。

"鸟巢"外形结构主要由现代钢架组成，交叉布置的主桁架与屋面及立面的次结构一起形成"鸟巢"的外表造型。设计者们对这个国家体育场设计没有做任何多余的处理，只是坦率地把结构暴露在外，自然形成建筑的外观。

同时，这座现代的建筑设计灵感还来自民族图形元素菱形纹（图5-20）和冰裂纹。菱形纹起源于原始人类对具象物象的模拟和抽象，一直是中国人民喜爱使用的纹饰。冰裂纹在前面第四章中已经有所讲述，也是我国传统纹饰的一种。这种传统纹饰形成网格状的构架，与现代最先进的钢结构设计完美地融合在一起。

图5-20 传统菱形纹

通过几个知名典型案例的分析，说明民族文化与现代设计相结合的可行性和重要性。

5.5　铜鼓文化在现代设计中运用的意义

在世界多极化、经济全球化和实行社会主义市场经济的背景下,面对各种文化互相交织、相互激荡的局面,中国传统文化饱受外来文化的冲击和影响越来越明显,中国传统文化与现代设计的结合显得尤其重要。

现代设计大多是进行一些各式各样的主题设计,想用一种思想来诠释意图,最终的结果往往是不明就里、显得牵强,不像中国传统文化显得直截了当。我国传统文化历史悠久、丰富多彩、包罗万象,主要有琴、棋、书、画、传统戏剧、传统文学、传统建筑、传统中医、民间工艺、衣冠服饰、宗教哲学、动物植物、地域文化、四大雅戏、饮食厨艺、皇宫官府、传说神话、农业文化等,反映了人们生活的方方面面。

其中广西壮族文化就是我国传统民族文化中具有代表性的一种。广西民族文化有其独立性、特殊性,特别是广西铜鼓闻名中外,无人不晓。铜鼓已有2 700多年的历史,是一种集冶炼、铸造、雕刻、绘画、装饰、音乐、舞蹈、宗教于一身的西南民族文化的物质载体形式,是中国西南少数民族先民的生产生活、民族习俗、图腾崇拜、价值观念等方面的真实写照。

铜鼓文化对于现代设计来说也具有重要的意义:

第一,广西铜鼓文化元素是广西现代设计的重要源泉,是加强开发创新产品的重要手段。

设计的灵感无穷无尽,然而,最多的还是来自我们的生活。设计师的工作就是创新产品,是一项极有难度的脑力劳动,在平时的设计实践中,由于长期过度用脑,再加上我们思维的局限性,难免会遇到黔驴技穷的尴尬境地,通过研究传统文化元素,搜集查阅大量传统文化书籍和图案,再把平时的生活经验、设计经验总结过程中的资料进行整理分析,把传统文化元素运用到现代设计当中去,会拓展设计师的思维广度,激发设计师的思维灵感,有利于加快现代设计工作的进度。

新石器时代陶器艺术和文化、春秋战国时期的青铜器皿、汉代画像砖、唐宋时期的名画、明清时期的民间艺术等,都充分体现了各种各样的艺术表现,都为现代设计的创作和发展提供了灵感。当然,设计师在学习传统文化、借鉴传统文化元素的过程中,需要很强的传统文化艺术鉴赏能力和理解能力。在设计创意时,需要把传统文化的精髓与现代的审美价值观相结合,使传统文化与现代设计完美融合,实现传承历史、服务社会的设计目的。

如图5-21中是铜鼓造型凉亭设计。广西属于亚热带季风气候,雨水充沛、夏季天气炎热、紫外线强,凉亭是广西城市建设中不可缺少的建筑,一是可以遮阳挡雨,具有很强的实用功能,同时也可以美化城市公园风景。但是凉亭的设计一直是六角亭居多,造型千篇一律,没有新意。这一个铜鼓造型凉亭设计,采用广西铜鼓造型元素,整个造型呈铜鼓造型,

图5-21　铜鼓造型凉亭设计

第五章 铜鼓文化与现代设计的结合

地铺和顶部设计采用铜鼓纹饰,对我们设计创意有一定的启发作用。

广西传统文化为现代设计师设计创意提供了直接的设计灵感,是广西开发具有地域特色创新产品的重要源泉。因此我国民族传统文化是我们现代设计取之不尽、用之不竭的创新设计源泉,它是设计师十分珍贵的一片沃土。

第二,广西鼓铜文化元素的运用,是广西打造具有独特地域特征产品的有效方法。

随着世界经济发展的步伐,促使我国经济市场与世界接轨,已经成为世界经济发展过程中重要的组成部分。同时,我国人民的消费观念也在不断转变,消费者对企业品牌形象的要求越来越高,导致企业营销的重心开始转向消费者,设计环节在现代营销经济的发展过程中起着非常重要的作用。

众所周知,现代设计现状并不乐观,热衷仿造、创新力不足是现代设计中存在的一大问题,这种现象已经阻碍了我国产品走向世界和我国经济的增长。在中国加入WTO和进入21世纪后,迫切地要求企业加强投入开发创新产品的力度。只有把中国传统文化与现代设计结合起来,依托我国传统文化元素,才能生产出具有中国特色的现代设计产品,才能改变现代设计产品无创意的现象。

图5-22"2010东盟国礼紫砂壶",是由我国著名紫砂陶艺家谈曙君先生设计的。因为东盟博览会的

图5-22 2010东盟国礼紫砂壶

中心——广西南宁是世界著名的铜鼓之城,这款国礼就是用广西传统文化的代表铜鼓元素与现代设计相结合而设计创作的,壶身古朴自然,壶盖平如鼓面,气度雍容、文化内涵丰富,整件作品寓意深远,既具有广西独特文化底蕴,又体现了对东盟十一国和睦共处的美好愿望。

我国传统文化具有其独特性,具有深厚的文化内涵和背景,与世界上其他民族文化不同,在现代设计中合理运用我国传统文化元素,将会给现代设计增添无穷的魅力。如何挖掘传统文化遗产,如何运用传统文化,是设计师们面临的难题。很多人把运用传统文化认为是简单的复古和仿古,这种观点是错误的。只有设计师不断地增强自身艺术修养,不断地学习渊博的传统文化知识,多了解中国文化的历史背景,不断地总结、提炼和创新,才能达到古为今用的目的。

第三,有效提高广西知名度和经济地位。

若想从设计的角度提高一个城市的知名度,要做到以下四点:其一,设计要不断优化城市的城市环境;其二,设计要以提高城市文化的丰富度和质量为目的;其三,设计中注重城市形象宣传;其四,要注重品牌产品的打造。

设计中如何优化城市环境呢?要注意以下几点:其一,要结合城市传统文化、时代背景和人们的生活习俗,选择城市规划的总体形式,使城市规划与城市文化及生活相统一;其二,要注重环境设计与周边自然因素的结合,特别要注意城市建设与环境保护之间的关系和联系;其三,要充分考虑城市特色的整体规划,注重市民的精神向往。

图5-23中,广西南宁五象广场的铜鼓造型路灯设把铜鼓造型运用于公共设施产品的设计中,是打造地域特色、凸显地域文化最有效

第五章 铜鼓文化与现代设计的结合

的手段。铜鼓造型路灯设计有效地宣扬了广西的地域特色和地域文化,美化了南宁的公共环境,突出了广西的文化底蕴,反映了广西人民的精神向往。

设计如何提高城市文化的丰富度和质量呢?要注意以下几点:其一,在设计建筑物、街道时要注意结合周围环境,把设计文化活动中心作为首要功能设计;其二,注重夜晚城市文化的设计,创建文化内容丰富的城市灯光夜

图5-23 广西南宁五象广场铜鼓造型路灯

景,为创造人们交往的场所塑造一个完美空间,例如灯光、音乐、喷泉、激光灯等的设计;其三,在设计过程中,要大力宣传、推广城市传统文化节,让城市文化更普及、深入人心,为传统文化提供一个有效的场所;其四,注重城市小品的建设,城市小品在人为环境中有强大的感染力,是一个城市的精神象征,很多成功的城市小品会成为一个城市的文化图腾。

广西南宁青秀山风景区铜鼓背景音乐台(图5-24)上的铜鼓雕塑,展示了壮族文化的精髓。广西壮族自治区成立40周年大庆曾在这里举办,1999年南宁国际民歌艺术节开幕式也在这里举办,2000年中国金鸡百花电影节开幕式、2001年中国第七届中国戏剧节开

图 5-24　广西南宁青秀山风景区铜鼓背景音乐台

幕式和闭幕式等活动，也曾在这里举办。包括央视《综艺大观》《生活》等知名电视栏目也曾在这里举办过活动，很明显，传统文化活动场所的创建为提高城市的知名度起到了至关重要的作用。

　　设计中如何注重城市形象宣传呢？在设计中要注重城市形象展示，城市形象的展示是提高城市知名度的重要途径。目前，全国已有很多城市非常注重城市宣传工作，以不同的方式开展城市形象宣传，其中成都、大连、西安、昆明等一些城市的形象宣传工作已经取得了较好的成绩。城市宣传工作主要体现在城市文化的展示、大力设计创建各种文化展示博物馆，展示的内容包括文化古迹、历史人物、民间风俗、民间传说、城市发展规划和城市的发展历程等，也可以是具有地域特色产品的展示。这种城市宣传工作能有效提高城市的知名度，也能提升城市的功能，提高居民的生活质量，增加城

第五章　铜鼓文化与现代设计的结合

图5-25　广西民放博物馆外表装饰工程图

市居民的荣誉感和主人翁意识。

广西民族博物馆（图5-25）是全国收藏铜鼓最多最齐全的博物馆。广西既然是铜鼓之乡，就要全方位展示自己的特色文化，这个民族博物馆在很大程度上展示了广西传统文化，大力提高了广西的知名度。

设计中如何打造品牌呢？一个城市是否拥有国际知名品牌和拥有数量的多少，已经成为评价这个城市经济实力和竞争力的重要标准。品牌产品需要有极强的竞争力，这种竞争力决定于产品本身的内在质量，同时也需要外在的包装宣传。要想创建一个个性化的城市品牌产品，就得从城市自身的传统文化中寻找源泉。

"笃挚"（图5-26）以手工纯银饰品为载体，以实现扶贫、保护妇女、传播美丽、传承传统手艺和保护自然方面为公益目标。如今，

图5-26 壮族铜鼓造型银饰设计

"笃挚"手工首饰产品已经通过品牌管理、设计和公益营销理念,是领衔纯银艺术产品领域的品牌先驱。图中产品就是以铜鼓造型为元素设计的纯银首饰,造型优美、纯朴、知性,深得大众的喜爱,传承传统文化的同时,也打造了品牌优势。

正是因为以上种种设计创新,城市形象得到提高,城市知名度和美誉度得到了提高,进而提高了城市在企业、资金、技术、人才、旅客等方面的城市竞争地位。这种影响力直接吸引着外来投资者、游客和消费者,无形的精神财富转化成为有形的物质财富。

只有对广西铜鼓美学进行研究并对铜鼓进行符号化再运用到各种现代设计中,才能传达铜鼓文化神韵、秉承古老的中原文化、扩大广西的知名度并推动广西地方经济的发展,提高其在全国甚至全球的经济地位。

第六章 铜鼓造型符号设计原理

本章主要研究铜鼓符号的文化内涵、铜鼓形态的审美内涵、铜鼓造型符号的提炼方法,以便更好地在现代设计中运用铜鼓文化元素。

6.1 铜鼓符号的文化内涵

在本书第一章中我们讲到铜鼓文化的内容和含义,主要讲述铜鼓作为古老的文化所包含的实际表象功能内容,这里所讲的铜鼓符号的文化内涵则指铜鼓文化内在的有形的或无形的功能内涵,两者是有区别的。

6.1.1 铜鼓是众生与自然之间的纽带

在红水河流域,当地居民对土地和水的需求很多,生产、生活、家畜养殖都离不开土地和水,土地需要水的滋养才能种植农作物,一旦出现大旱天气,当地人就使用铜鼓和水牛祈求下雨,求雨成功,便杀牛祭拜天神。

在壮族人民看来,铜鼓是具有灵性的,拥有神灵的属性,使用它就能风调雨顺,就能满足人民的愿望。壮族人民依靠的自然因素非常多,古时候的壮族人民对世间万物都怀着崇拜的心情,只要是和自己生产生活有关联的,都要去祭祀、去祈祷,每当这个时候都要把铜鼓放置在一个重要的位置,来表达铜鼓存在的意义,祈求自己一切顺利、平安丰收。至今,壮族人民还保持着每逢过年、过节、祈福的时候都会继续敲鼓的风俗。生活在西林那劳、那兵等地的壮族妇女还会摘掉头饰去敲击铜鼓,觉得这样敲鼓可以保证自己头发不会变白、不会衰老、一直年轻下去。生活在东兰长江地区的壮族姑娘,会用自己的头饰和辫子一起敲击铜鼓,然后摘下头饰,送给现场中意的人,男人会把头饰继续放在女人的头发上,再次敲击铜鼓,等到两人结婚,两人便可以白头偕老、长长久久。

在珠江水系西江上游的少数民族这里,铜鼓是用来沟通人类与大自然之间的纽带,人民使用铜鼓来满足自己的愿望和祈求,并且传达着人类与上天、人类与神仙之间的消息,是实现天人合一、共同发展的最重要的因素。

6.1.2 铜鼓是重要的娱乐方式

铜鼓的另一个重要作用就是娱乐,在欢乐的时候使用居多。铜鼓最早就是属于一种演奏的乐器,曾经有记载:铜鼓是一种南蛮用乐器。在云南楚雄万家坝发掘的古代墓葬中,就有一套铜鼓乐器和一组编钟埋在一起。

6.1.3 铜鼓是权力的向征

铜鼓还有一个作用就是代表权力,象征权力与尊贵。

当时的帝王拥有铜鼓,就代表能掌握权力到永恒,一个部落拥有铜鼓,整个部落就能兴旺。

那时的人民把铜鼓和一千头牛相提并论,所以人们也会因为铜鼓的得失而矛盾不断、人命无数。

由于铜鼓的贵重,所以便用于殉葬,如桂西普驮铜鼓葬。到现在为止,只要发现墓穴中有出现铜鼓的,全部都是一些帝王、首领等一些权贵富豪人士,他们希望能把权力带到阴间,以后可以保佑后人的平安兴旺。直到现在,我国部分壮族在葬礼的仪式上仍使用铜鼓为老人送葬。

6.1.4 铜鼓文化具有集合群众、加强统治的作用

在漫漫长河的历史上,铜鼓在特殊时期还扮演着集合群众以及联络人们的角色;在军队战斗中还具有战斗号角和精神鼓舞等功能;古代统治者喜欢用铜鼓封赏功臣作为笼络群臣、维护朝廷、稳定统治的手段,是一种中央集权的统治方式的表现;同时也广泛用于封赏诸侯,加强中央对各诸侯思想的统治;作为礼物赠送给周边列国,增进相互之间的友好。

6.1.5 铜鼓文化在艺术美学、民族文化历史、人类科学发展等学科领域都有极高的研究价值

铜鼓文化在一定程度上见证了中华民族的发展历程,铜鼓本身

就具有历史沉淀性，在研究民族文化历史、人文科学等方面都具有珍贵的价值。铜鼓的艺术创作集雕刻、色彩画、音乐、形体舞蹈、图案、工艺技术等于一体，在艺术美学研究方面具有极高的研究价值；铜鼓的分布、分类等见证了相关民族独特的文化传统、经济状态、文化特征、适应环境等面貌，对民族文化历史研究方面具有极高的研究价值；铜鼓文化涉及资源与冶金、材料与科学各类学科以及与之相关的人类社会学科、科技发展等各方面，在人类科技发展研究方面具有极高的研究价值。比如在石寨山铜鼓船纹（如图6-1）的研究过程中，中国本地的一些学者经过研究认为是当时人类用来哀祭的一种迷信表现形式，而国外部分学者则认为是当时地区人类跨海迁移的一种渡海方式，还有的学者认为是当时人们进行一种竞技比赛的体育运动。经过整合分析，从船只的形态、长度以及船只内置、组成部分差异，最终把船纹区分为巡逻船、远洋船和竞赛船。这种研究结果反映了当时当地人类的生产、生活场景，为现代研究古代人类生产生活方式和社会活动方面提供了宝贵的资料。

图6-1　石寨山铜鼓上的船纹

6.1.6 铜鼓是民族内心的精神支柱和信仰

在古老的原始社会中,人类赖以生存的环境、条件都很恶劣,再加上思想愚昧,对生老病死、阴晴圆缺等各种自然现象都充满了畏惧和猜测,久而久之就会对这些现象产生信仰和崇拜,以达到心理安慰。

从铁器的发明开始,人类的生产力水平得到了大幅度的提高,这仍然不能阻挡各种自然灾害的影响,崇拜和依赖外界也不能改变现状。他们必须采取行动,于是铸造出铜鼓,在铜鼓上铸造纹饰代表更具体的自然,通过铜鼓参与各种活动代表人们多方面的祈求,从而希望得到自然界各路神仙的庇佑和保护,实现人们更好的生存愿望。用这种方式,人类心灵得到了安慰,生活相对和谐,铜鼓就成为民族内心的精神支柱和信仰。

6.2 铜鼓形态的审美内涵

伴随着人类生产力的不断提高,铜鼓的宗教价值慢慢被淡化,审美价值相应得到了提高,就像鲁迅先生说的那样:"人类社会所看到的表现,其根源都是从社会利益的观念出发,慢慢演变成审美观念的组成部分,在这些社会意识觉得美的东西,都是为了生存而和自然以及别的社会存在所交融排斥上的产物。"

6.2.1 提高人们的音乐审美意识

铜鼓本身就是一种乐器。铜鼓作为打击乐器,它具有特殊的结构,敲击铜鼓中心和鼓面边缘两个不同的位置,能发出两种不同的声音和音色,由这两个音色能构成一段优美的音符,再伴随着声音的强弱、打击节奏的快慢,加入各种乐器的合奏,就能创造出多姿多彩的乐曲,形成强大的具有特殊魅力的铜鼓音乐。

铜鼓音乐直接影响了人类对音乐美感的审美意识。听音乐能陶冶情操,使自己心情愉悦平静,净化人们的内心世界,能够让自己的心灵与大自然得到和谐统一,还能够给人一种美感的享受。

拥有铜鼓的民族通过铜鼓音乐使自己的生活环境和文化艺术环境得到了很大的提高。

6.2.2 提高人们的舞蹈审美意识

娱神是舞蹈的起源,为了能够让各路神仙高兴,于是在祭祀中做出各种各样的滑稽舞蹈动作,就是舞蹈最开始的样子。

铜鼓舞就是少数民族中的一种娱神方式。关于铜鼓舞,在古代很多书籍中都有记录,著名诗人白居易就有"蛮鼓声坎坎,巴女舞蹲蹲"的诗句,这句诗所描绘的画面就是巴蜀女子在铜鼓声中起舞的画面,生动描述了铜鼓歌舞的盛大景象。

经过长期的演变,铜鼓舞由娱神功能演变成为娱人功能。铜鼓舞一开始是用来祭祀神灵的一种舞蹈,神仙是它的观赏对象。跳舞者以自己各种各样的舞蹈动作来取悦神灵、满足神灵,以得到神灵的庇护。至今,很多壮族村寨仍然流行跳铜鼓舞,不同的是除了娱神,更重要的是娱乐他们自己,表达一年来丰收的喜悦。如东兰县壮族跳的铜鼓舞,姿势十分诙谐幽默,观赏群众之多,场面十分热闹。巴马、天峨等县壮族跳的铜鼓舞,动作朴素又不失奔放,场面和气氛十分壮观热烈。

铜鼓舞丰富了民族文化艺术生活,同时对人们的舞蹈审美能力的提高也有着重要的意义。

6.2.3 铜鼓的造型美内涵

中国台湾"中研院"前副院长张光直先生曾经说过这样一段话:"政治、宗教与艺术的紧密结合在古代世界是一个普遍的现象,而在中国,这种结合就集中体现在青铜纹饰上。"这段话表明了中国青铜纹样在中国艺术史上具有代表性的意义和地位。

铜鼓不管是从外形还是从精神层面上都是一种非常值得后人敬仰的青铜器精美艺术品。

它的造型无底而腹宽,鼓腰纤细,鼓胸宽大厚重,给人一种稳重厚实的感觉;鼓面的装饰味十足,上面刻满了许许多多的纹饰以及图案,鼓胸和鼓腰部分也有许多装饰性图案和纹理;鼓足留空是为了使整体看起来疏密有别,虚实相加。

铜鼓的图案发展历史经历了从没有一丝装饰到有了大量的图案装饰、从图案多样化到简单化的过程,这和各民族对美感的审视不同,和各种铸造科技水平、工艺水准的提高以及工匠素质的提高有关。

铜鼓上的纹理图案都是先用镂刻以及压印的技术先印制好,然后再附在铜鼓上,图案的线条以及画工出神入化、简洁明了、刚劲有力;图案的表现手法主要采用写实纹饰和图案纹饰两种,图案纹饰一般都以循环、叠加、重复的方法相结合表现,布局合理;鼓胸装饰都是以长卷形表现,而鼓腰部位的装饰一般是独成体系、循环重复,有着自己的图案风格。

不同类型的铜鼓有着不同的纹饰图案表现方式,比如冷水冲型铜鼓,鼓面纹饰复杂并且装饰性强;北流型铜鼓却是器重古朴的风格;石寨山型铜鼓则是以写实严肃的风格为主。

下面就铜鼓中比较典型的几类纹饰进行介绍。

图6-2 太阳纹

首先是比较经典的太阳纹(图6-2)。铜鼓鼓面正中一般都以太阳纹作装饰,周边的光芒向四周发散,一般为八道或者十二道,细长如针。太阳是铜鼓图案中最重要最常见的表现主题,表达了古代人们对太阳神的尊敬和对光辉的渴望。人们对太阳崇拜的思想观念是从古人采集、打猎的游牧生活进入农耕生活的过程中对阳光的需要而产生的。阳光是一切生命的源头,直接影响了农作物的生产与生存,给农作物带来光能和热能,也能给人们带来温暖和光明。

岭南地区人们从古代起就有祀日的风俗习惯,一直延续到今天。他们把每年二月十三日当作是太阳神祝融的生日,到了这一天,人们就用击打铜鼓来娱乐太阳神,《岭南琐记》载:"每年二月十三日,祝融生日,土人击铜鼓以乐神。"《铜鼓逐变》中记载:"每年二月十三日是火神祝融的诞辰,两广地区少数民族人民击鼓以乐神。"

第六章 铜鼓造型符号设计原理

云雷纹也是铜鼓中比较有代表性的纹饰（如图6-3）。云雷纹是指将云纹和雷纹合起来的图案，也是西部铜鼓的主要图案，密集分布于铜鼓表面和鼓身。云纹是用单线旋转描绘的螺蛳纹样的图案，体形比较圆而小，雷纹则是多层菱形图案相互套着的回字形图案，以正方形图

图6-3　云雷纹

案为主，两种图案通常互相填充、互相变换转化、互相均衡穿插、层层叠叠无限连接，给我们一种深不可测的神秘感。

铜鼓上面云雷纹的使用，是和人们对雷雨的崇敬有关联的。属于亚热带季风气候的两广地区，夏季打雷闪电、大风大雨是常见的自然现象，人们在耕种劳作的时候听到电闪雷鸣、刮风下雨的声音实在让人恐惧，打雷还带来很多自然灾害，在不能控制的强大自然力量面前人们深感弱小和疑惑，便将令人畏惧的雷鸣闪电现象实体化，相信天上有个能发出吼声的雷公，加以敬仰，用祭祀以求消灾消难、风调雨顺、平安无事。两广地区的古人将云雷纹雕刻在铜鼓上，加以密集重复，用多变丰富的花式，营造出了隐隐神秘的味道，增添了礼乐祭器的玄幻氛围。到现在，广东西部地区还常听到有关雷公的传说并保持着祭祀活动。

许多文献中还曾有记载，古代人们认为斧、楔等这些常用的生产工具是雷公的馈赠，因此称为"雷斧""雷楔"；在祭祀的过程中，有一

图 6-4 铜鼓上的立蛙装饰

种活动叫"以鼓赛神",打击时要用尽全身力气,鼓声浑厚,音调铿锵有力,声音非常像雷声,所以铜鼓还有一种名称叫"雷鼓"。

另一种比较典型的图案就是立蛙雕像(如图 6-4)。在广东西北部地区流行的铜鼓一般铸有四只青蛙于铜鼓的边沿,极少数的铜鼓刻绘六或八只,有时候会按照逆时针方向环形排列,有时候会朝顺时针方向环形排列,又或者是两只青蛙互相张望,青蛙本体无纹饰。灵山型铜鼓基本都饰以立体雕塑的青蛙,有六只的,也有饰以六只三足蛙或累蹲蛙的,或者是三只单体蛙和三只累蹲蛙相互交融,青蛙立塑本身还带有优美的纹饰,比如带有螺旋形的纹路、双同心圆或类似辫纹的纹路,形态各异、造型独特。对于铜鼓立塑雕刻的究竟是青蛙还是蟾蜍,专家学者的看法不一,可作为参考。

青蛙会受到广东地区民族的如此喜爱,是因为青蛙同农耕生产有着紧密的联系。青蛙本身是一种水路两栖动物,多生活在水源充足、潮湿阴暗的地方,对于生活在广东、广西这片热带地区的人们来说,青蛙是随处可见的一种动物。在这个地区的人们看来,青蛙是帮助人们的好朋友,青蛙的叫声带来大地万物滋润复苏、是春的使者,带来的往往是美好的预兆和丰收的感觉;人们还认为,青蛙的叫声可以呼风唤雨进行灌溉田地。所以,青蛙被认为可以预告天气,表明雨神的存在。铜鼓的声音让人们不禁联想到青蛙的叫声,铜鼓上的青蛙装饰表达的就是农耕文明时期整个民族对

第六章 铜鼓造型符号设计原理

青蛙的信奉。

人们对青蛙的崇拜还来源于青蛙生殖的特点,青蛙一次产卵较多,幼卵成活率高,繁殖速度快,对青蛙的崇拜寓示先民希望人口兴旺、种族发展壮大、民族昌盛。人们对强大的生殖能力的向往早在远古时代就有了,特别是当战争降临威胁到人类生命的时候,人们不得不考虑人口的增加和繁衍。有的铜鼓鼓面上雕刻着一只大青蛙背着一只小青蛙,叫"累蹲蛙",就蕴含着一雌一雄一起繁殖的意义,人们通过艺术作品创作来体现人们对生命繁衍的强烈渴望。廖明君学者还认为,青蛙每到冬天就会冬眠,从大地中吸取养分,第二年苏醒的时候,就会开始繁衍生命,古人把铜鼓比喻成青蛙,把铜鼓放进土里吸取养分,人类因此也会获得充足的繁衍能力。

直至今日,壮族每年举行的传统节日"蛙婆节",就是对青蛙崇拜的具体表现形式,在节日活动当中,每一个环节都离不开铜鼓的音乐伴奏。

羽人图案也是铜鼓纹饰中经典的图案之一(如图6-5)。图案中人物头戴高高的羽毛,专家称其为羽人,表现的是巫师的形象。有的巫师扮演祭祀的水神,有的扮演接受祭祀的祖先,有的击鼓,有的以牛来祭祀,有的手舞足蹈。

巫师是一种古老的职业,"家为巫史"是在远古时曾经有过的情况,也就是说,玩点巫术是人人都会的技术。那时候,巫师

图6-5 铜鼓羽人图案

127

不是一般人都能担任的,只有高层领导才有资格担任。那个时候,最大的事就是巫术和打仗,所谓"国之大事,在祀与戎",就是说国家中最大的事就是祭祀和打仗,而在过去祭祀的活动中,都离不开巫师,如果哪位巫师的巫术玩得纯熟,打仗又勇猛,就会被推举为酋长。所以在古代,巫师都是精英,智商极高,并且都有顺风耳、千里眼,能够准确地预测未来的吉和凶。

铜鼓上的装饰以及图案反映了人的意志和精神,是中国古代社会文化沉淀积累的结果,也是古代人们对审美的追求。从铜鼓纹饰图案的内涵进行研究可以探索铜鼓的造型美学法则。

6.3 铜鼓造型符号的提炼

符号是信息的外在形式或物质载体,是信息表达和传播中不可缺少的一种基本要素。符号通常可分为语言符号和非语言符号两大类,这两大类符号在传播过程中通常是结合在一起的。

少数民族的铜鼓装饰纹样为现代装饰艺术及现代设计留下了无限的可能和发展空间。研究铜鼓设计应用首先要研究铜鼓符号,研究铜鼓符号是研究铜鼓设计应用的基础。

6.3.1 铜鼓符号提炼过程中要把握的原则

一、要注重生命力的延续

随着社会发展和生产方式的改变与不断发展,展示铜鼓纹饰以及图案的方式也随之改变,如何提取造型图案并且让人们接受它,

第六章 铜鼓造型符号设计原理

最根本的是要赋予其生命力,在造型的美感中慢慢感受生命力,使得铜鼓本身及其精神文化内涵活过来。一个事物始终处于静止状态,是呆板的、无力的,无法从真正意义上体现自身的美感以及吸引力;世间万物都在运动,都具有生命力,要体现它们的存在,就要在静止的艺术状态中实现主次、虚实、动静等对比因素。

铜鼓上面的青蛙纹饰(如图6-4)没有实体青蛙的那种外部特征,结合青蛙的整体造型,运动趋势却更加高昂、生命力却更强了,使观赏者的心灵受到了巨大的冲击,让人感觉青蛙就要呼之欲出了,这一种艺术表现形式正好体现了强大的生命力。

再比如铜鼓图案中的翔鹭纹(如图6-6),向世人表达了白鹭飞行时的状态、神情,在造型创造构思中,用抽象的方法表现鸟类的外部条件,整体造型就如一个三角形箭头,运动感和生命力极强。

图6-6 翔鹭纹

还比如铜鼓船纹的表现,图案按照划船写实雕刻,有明确的方向性,人物造型惟妙惟肖,充满了活力和力量,给人一种运动的感觉,船在运动时的真实写照体现了生命力的特征。

所以在铜鼓符号提炼的过程中,要注重运动感和生命力的表现,要使传统文化元素更加具有活力。

二、注重多种造型的统一组合

多样统一的对比原则是所有艺术形态外观制作的基本形式规律。为了能够具有多种形态特征,增加其丰富程度,一种现代设计的构造往往需要多种组合造型的加入。想要表达铜鼓的造型元素需要多种形态的并存,铜鼓的每个形态特征都有自己的风格及形式,组合的过程和结果必须要统一,在统一的基础上不显空洞,多样化的前提下不显繁乱,才能形成丰富多样的具有和谐存在的铜鼓形态。

在广西本地,不同地区的铜鼓纹样各式不一、纹理不同、各具代表,有人物、畜禽、神兽、织布、农耕等,符号内容的丰富性正好给予了现代设计无尽的发展空间和丰富的参考价值。如何正确地使传统和创新统一,除了实现形式的统一,还要实现内容上的统一,使得传统事物更具有时代特征,创造自己当代的艺术作品,使传统不和时代脱节。

6.3.2 铜鼓元素提炼的方法

传统的文化艺术之所以能够流传至今是因为其本身设计中包括了生命运动的轨迹,现代中的铜鼓元素设计应用更应该这样,学会抽取提炼铜鼓中的符号,制作出能够感染和打动观众的艺术品。铜鼓向我们诠释了独特的历史文化和对自然界生命现象的感悟,揉捏融合了各种自然形态,内容鲜明、生动活泼、简洁了然,我们要想了解研究铜鼓,提炼其元素符号,不仅仅在于观察研究其外表,更应该了解它们的文化背景、设计理念和生命力。

铜鼓元素的提炼方法主要有以下几种。

一、简化归纳法

简化归纳法就是对其造型元素进行筛选、提炼、概括,删除客观形象中次要的和非本质的东西,使新的形象具有更明确、更简练的特征，更有利于传播及记忆。简化归纳法又称概括法，是最基本的提炼符号的方法。

铜鼓造型及纹饰是美好的，但是我们也可以对其进一些归纳概括，使其以一个新的面貌出现，更加适合现代审美原则和规范。

铜鼓的俯视图就是一个正圆，在一个正圆形里进行图形设计，这种手法在图案学里称为适合纹样。在俯视图中，太阳纹占据了中心位置，经过概括出来的图形正好属于构成中的发散构成形式。同时对云纹进行了概括，把云纹的曲线简化成比较方的线条，整个图案线条有粗有细、有方有圆、造型有点、有线、有面，对比与统一并存，和谐美观，充分体现了铜鼓纹饰的图案美（图6-7）。

图6-7 铜鼓符号简化归纳法设计

二、美化夸张法

夸张是装饰变化的重要手段，夸张的前提是概括。夸张是对自然形象最具代表性的特征加以强化、渲染。铜鼓上的装饰花纹题材丰富,如雕塑中的青蛙、龟、鸟,画像中的翔鹭等,装饰图案中的太阳纹、云雷纹、水波纹等,画像装饰中的龙舟竞渡、羽人舞蹈等。对这些纹饰,在写实的基础上,利用人们心中对社会意识形态的愿望和诉求,图案纹饰的形态也可以具有社会主观性,可以利用夸张的手法加以诠释。在铜鼓纹饰和图案中加入不同的夸张修辞手法来表达造型特点、思想感情以及内涵,会得到意想不到的收获。

图6-8把铜鼓俯视图图案化,通过放大、独立、强化渲染,便摇身一变成了一顶在图中极富视觉冲击力的帽子,再配以穿着壮族服饰载歌载舞的、脸部变形的女人图案,不拘泥自然形象的束缚,手法大胆夸张,即符合图案的简洁性,又符合图案的夸大性,恰到好处地对铜鼓的图案纹饰以及造型进行了夸张手法装饰,达到了别具一格

图6-8 铜鼓符号夸张化设计

而又不显突兀的装饰艺术效果。

用夸张的手法充实丰富铜鼓的内涵以及造型的过程中要做到有收有放,着眼于铜鼓设计和延伸的大局上,定位精准,适当加入夸张的元素,才能使铜鼓艺术品愈发具有魅力,才有利于铜鼓在多元化社会中的传承和发展。

三、添加纹饰法

在简化归纳的基础上,为强化某一部分的效果,添加富有装饰趣味的纹样,使形象更加生动完美,这种方法叫添加纹饰法。

在运用添加手法组织纹样时,纹样之间一定要有内在的联系。首先要与铜鼓本身有联系,使铜鼓能从这些纹饰中体现出自身的价值,添加的纹饰也会适当地赋予铜鼓生命力。还要与时代背景和社会发展的实质有联系,在添加纹饰的过程中,要结合当时社会的审美观念和想法,有怎样的社会意识形态就有相匹配的工艺品。同时,还要结合铜鼓本身的造型特点以及体积、大小、重量来适量添加。

审美方式和社会意识形态在日益改变,铜鼓相关的造型和图案设计要根据社会意识形态的演变而随之改变,这就要考验艺术家的审美观念和对社会意识形态发展的捕捉,要把握社会发展中所蕴含的特点和内涵,研究其本质和重点,使其发展趋势能够很好地融入铜鼓相关纹饰图案设计中,保证铜鼓纹样并不会因为其他因素的加入而与社会意识形态相排斥。

图6-9中是在铜鼓的图案中添加了福娃的形象,整个画面充满喜悦欢乐的气氛,恰到好处地反映了铜鼓作为一种乐器所赋予音乐的美妙情趣。这种添加纹饰的运用增加了铜鼓的艺术情趣,赋予了人们对铜鼓美好的联想,是对铜鼓艺术的再升华。

四、平面化处理

图6-9 铜鼓符号添加纹饰设计

平面化的图案与素描不同,它追求影像美,取消或减弱纵深空间层次,把形象平铺摆开,既没有周围环境的三维空间,也没有自身的体积感。比如把铜鼓的顶面及鼓身的纹饰完全铺开,重新进行组合,形成新的图案意境,不考虑铜鼓本身的体积空间及方位,只是追求图案构成的影像美。这种平面化处理有很大的灵活性,对于设计者来说有很大的主动发挥性。

在平面化处理的美学法则里,对称和平衡是惯用的手法,符合中华民族一向热爱的对称审美观念。从古至今,对称和平衡一直是历代名匠对于各类设计制作的标准之一,在美学法则中平衡和对称主要是由重量、体积、颜色及其他视觉主要组成部分来体现的,对称与平衡讲究空间构图中各要素之间的相对平衡关系。

图6-10的铜鼓图案并没有完全参照铜鼓纹饰的雕刻立体感,而是把所有的浮雕图饰平面化,形成一种影像,完全和铜鼓的立体感分离,自成一种设计艺术。这种方法主要采用连续、重复、叠加的图案运动轨迹,和谐、整体、简洁。

中华传统的文化底蕴和社会生产方式决定了中华民族追求意味深长、形态写实和生动的美好隐喻形象,正好反映了中华民族文化的沉淀、含蓄和沉稳的内涵。从表象到本质,再从本质到表象,是

第六章　铜鼓造型符号设计原理

研究铜鼓文化的基本方法。铜鼓的平面设计运用虽然只有二维空间，却可以灵活地运用铜鼓图案纹饰的平衡和谐原理，加入对比统一的手法，构成节奏韵律，形成丰富的艺术设计作品，使观赏者想象迸发、思绪万千，丰富和发展了铜鼓文化的内涵。

图6-10　铜鼓图案平面化

第七章　铜鼓造型在现代设计中的运用方法

　　我们的时代是设计的时代,现代设计是文化、经济、历史及科学技术等发展的终端产业。

　　中国传统文化艺术异彩纷呈,这些都是设计师进行艺术设计的创作源泉。在现代设计发展呈多元化的今天,设计创新需要以传统文化艺术为依托,才能显现出其独有的魅力和旺盛的生命力。对传统文化元素的运用并不是一味地奉行"拿来主义",而是应融入现代的时尚概念,符合时代的审美要求。

　　中国传统文化元素有悠久的历史,其中广西最具民族特色的就是铜鼓文化。铜鼓艺术是实用与审美的结合,是技术与艺术的结合,是造型与装饰的高度统一,也是我国民族古老文化艺术形态和思想意识的具象和抽象的再现。不论是表现形式,还是文化内涵,铜鼓文化元素都可以为现代设计提供丰富的素材和有益的启示。

　　在铜鼓造型符号的运用过程中,应把握文化艺术形态和思想意识的再现,通过具象或抽象的手法提取象征符号进行再设计。铜鼓造型符号运用主要应从两个方面来考虑:一是对立体造型整体或局部的运用；二是对平面装饰造型形式与法则的运用。在常见的设计中，立体造型被大量运用于仿制工艺品的设计中，或作为影视创作的题材。以铜鼓平面装饰造型为元素的设计则主要用于平面设计、景观设计、舞美设计、染织设计等领域。铜鼓造型设计运用通过解构与重构，突破庄严、含蓄、均衡等古典艺术的常规，强调或夸张局部造型，使设计更富现代感。铜鼓元素的运用不仅给铜鼓本身增添了不少文化内涵，更为现代艺术设计打开了另一扇门。

为加深铜鼓文化深度开发，扩大宣传，争取全社会关注，营造全民参与传统文化保护传承的良好氛围，我们要充分将铜鼓文化与现代设计相结合，通过报刊、电视、广播、互联网等媒体制作电影短片，展示研发成果、举办图片展览、制作铜鼓雕塑和工艺品、开展文化交流等方式，大力宣传铜鼓文化，提高其影响力和知名度，增强人们自觉保护传承传统文化的观念和意识。并且要加强对外宣传，引导东南亚人民通过广西铜鼓文化的寻根祭祖旅游，争取铜鼓文化的保护传承得到更多力量的支持。

7.1 在视觉传达设计中的应用

视觉传达设计是"给人看的设计，告知的设计"，视觉传达设计是通过视觉媒介表现并传达给观众的设计。其领域随着科技的进步、新能源的出现和新材料的开发应用而不断扩大，并与其他领域相互交叉，逐渐形成一个与其他视觉媒介相关联并相互协作的设计新领域。

设计要素包括"形"和"色","形"和"色"通过一定的形式法则进行组合,形成视觉语言。如何通过这些视觉语言向人类传达相关信息的过程就是视觉传达设计的过程。

视觉传达设计必须考虑视觉运动的规律。一幅优秀的视觉传达设计作品必须具备以下几个要素:

第一,符合人类心理因素和思维过程的逻辑性。也就是说设计中所传达的信息和意义必须能让人理解和接受,符合正常心理的思想过程,引起观者的兴趣与情感共鸣。

第二,符合人类的视觉规律,保证视觉规律的正常运行。我们人类的视觉运动受到信息强弱的方向性诱导,并受到形态及动态的心理暗示,注意力会形成视域优选,即在一个有限的范围内,人的视觉优选顺序是从上部到左侧再到左上和中上,所以我们在视觉传达设计的过程中必须把一些重要信息内容和要素放在人类视觉最容易捕捉到的区域,这称为视觉传达设计的空间定位分析。视觉传达设计的元素必须符合人类视觉区域优选规律,保证所包含的元素和内容是人类可视的,包括文字的字体、字形、大小、排版格式的可识别性。

第三,设计的最终结果必须紧扣主题。设计和写文章一样,都要中心突出,其品名、图形、标志、标题、厂名、说明文字、警语等能作为载体传达主题所表达的思想和内涵。

要完成一幅优秀的视觉传达设计作品,主要有以下几种方法:

第一,在设计的过程中,必须要考虑其与特定环境的关系和影响,用整体的思维去设计。达·芬奇说过:整体是一切艺术的基础。视觉传达设计必须要与其所处的环境保持和谐状态。

第二,设计作品中的各个元素和内容的排版必须具有立体感,避免平淡无奇、找不到重点。

第三,可以考虑系列化设计。系列化设计能有效地提高视觉传达设计的震撼力,容易给人留下深刻的印象。

把铜鼓元素符号融入视觉传达设计中,能使铜鼓所描绘的古代历史上升到特殊的、情感的和具有高度思想内容的水平,使铜鼓文化得到升华。视觉传达设计需要从铜鼓艺术的元素中寻求有益的营养,来提高艺术设计的品质,丰富现代艺术设计的创作语言。

铜鼓符号在视觉传达设计中应用广泛,包括标志设计、书籍装帧设计、包装设计、广告设计、网页设计、纺织品图案设计等领域。

7.1.1 在标志设计中的应用

标志指任何带有被设计成文字或图形的视觉展示,主要有信息传递、识别、辨别和形象传递等功能。标志作为人类直观联系的特殊方式,在社会活动与生产活动中无处不在,越来越显得重要。

标志的主要目的就是区别同类,对于设计师来说,区别并不容易做到。因为所选元素有限,更别说,在中国,一个图像有可能具有多种意义,就如我们的汉字具有多音字,相同的汉字又具有不同的意思一样。在标志设计的调查中,发现不同的标志用到同样的元素。比如树叶的运用就非常广泛,曾运用到茶叶标志、环保公司的标志、医疗器械的标志、绿色食品的标志等的设计中,这就要求设计师具有高超的概括和提炼手法,把这些标志给区分开来。

标志设计具有以下几个基本原则:

第一,要具有识别性。设计的标志要具备独特的特性,不能有一点点的雷同。还要求标志个性鲜明、醒目有力、感染力强。

第二，要具有传达性。标志必须准确和明确地传达相关信息，给人留下深刻的印象。

第三，要具有审美性。具有审美性是标志产生吸引力的重要条件，具有审美性的标志才能为宣传商品、美化商品发挥作用。

第四，要具有适应性。视觉传达设计中应用最广泛的就是标志设计。要求能适用于不同材质、不同条件、不同技术的表现，还要适应正形或负形、黑白色或彩色、放大或缩小以及线框体等的使用变化。

第五，要具有时代性。现代社会是一个竞争力加剧、经济繁荣、流行时尚趋势、生活方式不断改变的快速发展的社会，标志必须适应时代的变幻，具有连续性、易于识别、具有时代感。

铜鼓是广西最具代表性的文物，用铜鼓元素作为标志设计最能体现广西本土特色，有很强的识别性和独特性，同时也是传承铜鼓文化最有效的方式之一。

图7-1 广西壮族自治区成立50周年标志设计

图7-1是某设计师为广西壮族自治区成立50周年设计的标志。其中数字"0"内嵌十二角星的太阳纹就是采用了广西铜鼓中最典型的图案——太阳纹。丹凤舞动则代表了广西五十年励精图治、团结奋进的崭新面貌。铜鼓传音，宣传党的民族区域

自治制度在广西取得了伟大胜利、已经擂响了新的发展乐章。内嵌十二角星代表广西十二个世居民族团结一心、开创伟业。该标识把铜鼓的精神元素和图案融入现代设计,极力宣扬了广西壮族自治区本土文化,充分体现了广西壮族自治区历史文化的悠久性,有很强的识别性。

7.1.2 在书籍装帧设计中的应用

书籍装帧设计不只是单纯的物理性做书,书籍装帧设计要表现出作家的灵魂和核心思想,让读者不只是用眼睛去读,而是可以用心去读并加以理解。

在书籍装帧设计时,最重要的是要把握好方向,选择平装还是精装,都要进行定位。封面、扉页、环衬、护封、内容页、腰封、版权页、封底等都是完整书籍装帧设计的内容,要注意整体性的把握,要有统一的格调。同时对于风格的把握,也要做好提前设定,是儿童书籍的活泼风格,还是成人书籍的稳重风格,是商业书籍的花哨风格,还是公益书籍的温馨风格,必须使风格与消费群体相一致。

把中国传统元素与现代的书籍装帧设计理念相结合,巧妙地把中国传统文化融入现代书籍设计中,吸引年轻一代的读者,带给读者新鲜感。把铜鼓元素运用于书籍装帧设计时,可以用铜鼓的写真图片做元素,也可以用铜鼓符号做元素,可以用铜鼓元素做背景设计,也可以做主体图案设计。

图7-2是铜鼓元素运用于书籍装帧设计中的案例。运用铜鼓造型元素作为《广西与东萌:青铜文化学术研讨会》和《壮乡文化》书籍的封面设计,符合了书籍的内容形式和广西的地方特色。

图 7-2　铜鼓元素运用于书籍装帧设计

7.1.3　在包装设计中的应用

　　包装是品牌理念、产品特性、消费心理的综合反映,它直接影响到消费者的购买欲。包装作为一门综合性学科,具有商品和艺术相结合的双重性。

　　包装设计主要由构图、色彩、图形、文字、外形、内涵这几个要素组成。

　　外形是指商品包装的外形,包括尺寸和形状。

　　在包装设计中颜色不宜使用过多的套色,简洁大方为宜,并一定要符合产品的特性。比如食物包装宜使用引发食欲的色调,比如绿色、橙色等代表健康的色彩,电子产品的包装宜使用蓝色等代表科技的颜色。

　　商品包装上的品名、牌号、广告文字、说明文字和生产厂家、经销单位、公司等,反映了包装的内容等信息,设计时,必须放在视觉习惯比较重要的位置,特别是一些警示性的广告语言,在包装上更要显眼,以免发生不必要的争端。同时包装上的文字要求内容真实、简明、生动,具备良好的审美功能和识别性。

文化内涵是一个好的产品包装制胜的关键所在。包装设计的文字、颜色、造型等,最好具有比喻、象征、暗示的功能,能反映产品企业文化的内涵和理念。

随着每年东盟博览会的召开,带动了广西旅游业的发展和旅游纪念品的开发。利用好广西的民族资源,用壮族铜鼓元素来提高旅游产品包装设计创新价值,不仅展示出旅游产品自身的信息,而且无形之中传达了广西少数民族的文化内涵,提高了广西旅游产品的文化附加值和品牌魅力。

铜鼓造型符号在包装设计中的运用主要从两方面考虑:

第一,铜鼓造型运用于包装外形设计中。也就是把铜鼓造型用到包装容器的设计上,设计出具有铜鼓造型的包装容器外观,具有民族特色纪念意义,有利于激发消费者的购买欲望,达到促进商品销售的目的,并且有利于保留欣赏和反复使用。

第二,铜鼓元素运用于包装图案设计中。图案设计是包装设计中很重要的部分,是具有引导性的传播语言。

图7-3中将铜鼓造型运用于包装外形设计,整齐效果大方统一、民族风貌十足。图7-4中广西的通天香茶业有限公司的希

图7-3 铜鼓造型包装设计

图 7-4　通天香茶叶铜鼓元素包装设计

望茶叶包装就是以广西铜鼓图案为底纹、"双龙绕鼓"为主导纹饰的设计,象征着中华儿女从五湖四海、天南地北来到广西,为广西的发展作贡献。

现代包装设计应将民族性与国际性融为一体,将东方传统图案与西方设计模式、流行时尚设计紧密结合,才能给包装设计带来更大的活力。

7.1.4　在广告设计中的运用

广告设计要用一个方式把要表达的意愿尽可能多地传播出去。

广告构思是广告表现主题过程中最重要的阶段,一个广告主题有了好的广告构思就能引起人们的注意和目光,才能达到广而告之的效果,反之,可能会削弱广告效果,更甚者会对广告主题产生歪曲和误解。

广告主题决定着广告设计过程中的一切构思和实践。在广告策划中,设计师要根据广告主题确定广告标题,并排列在广告整体排版中最引人注目的位置。标题的表现应该灵活,可以结合图案、字体、大小、颜色或动画来强调广告效果。

广告正文是传递详细信息的必要手段,在不违反《中华人民共和国广告法》的前提下,有时可以用夸大的手法。同时,广告设计师必须具备比较强的语言文字组织能力和基本功,只有让人信服的并且富有吸引力的语言文字,才能引起消费者的共鸣,激发购买欲望,促成买卖的实现,达到广告宣传的最终目的。

广告形象主要是指插图的使用,也包括实体代言形象的运用。广告形象的使用是表现广告主题最直观的有效方法。

衬托要素也是广告中的一个重要的要素。衬托要素的目的是为了凸显主题,比如用绿色衬托红色,用小文字衬托大文字,用方形衬托圆形,用热闹衬托安静等。

近代中国广告设计脱胎于艺术设计,其发展的速度相当快。广告设计也是一种文化现象,作为文化现象,就必然符合本民族文化传统和审美习惯,在我国广告发展的初期就已经出现了多种形式的民族性元素。随着对广告设计与传统文化艺术这两方面的不断追求和探索,今天的广告设计面对的受众心理以及文化素养各有所不同,但这一切都无法逃避传统文化的浸染。

在广西,铜鼓作为传统文化元素也频繁用于广告设计中,达到了很好的宣传效果。如图7-5的文化展演宣传单设计,把传统文化铜鼓与现代电影元素结合起来,很好地实现了传统文化与现代元素

图7-5 文化展演宣传单设计

图7-6　第15届民歌节招贴广告

的结合,体现了"文化遗产"演出的主题。图7-6的第15届南宁国际民歌艺术节的广告设计,用红色作为广告下半部底色,并配以白色文字打破呆板,红色是中国传统文化中对吉祥美好愿望的最高赞礼,象征着最诚挚的祝福和期盼。上半部用铜鼓的局部作背景,由色彩斑斓的壮锦花组成的"15"数字浮于中间,传达了举办方的地理特色。整个设计气势辉煌,象征民歌节热闹非凡的场面。

7.1.5　在纺织品图案设计中的运用

通过织造、印染及手工编织、染绘、刺绣等技法表现于纺织品上的各种图案,统称为纺织品图案。通常我们说的纺织品设计就是指纺织品图案设计。

纺织品是我们生活中不可缺少的、使用最频繁的生活用品。好的纺织品图案能提高我们的生活质量,陶冶我们的审美情操,改变我们的生活状态。纺织品能反映一个地区的地域和民族文化,随时传递着生活的时尚信息。所以纺织品图案设计也形成了一门单独的艺术门类。

具有中国传统特色的图案一直是中国纺织品图案设计领域中的源泉所在,并且得到了世界各国人民的赞誉和认同,有着非常远

第七章　铜鼓造型在现代设计中的运用方法

大的前景。

壮锦与云锦、蜀锦、宋锦并称中国四大名锦，是广西民族文化的瑰宝，历史非常悠久。铜鼓文化也是广西壮族自治区的代表传统文化。把两者结合起来，更能成为代表广西的特色产品，能成为旅游产品的代表，有极高的收藏价值。图7-7展示了铜鼓纹饰及铜鼓造型在壮锦设计中的使用，加上丝线的编织纹理，惟妙惟肖、活泼生动、寓意深刻。

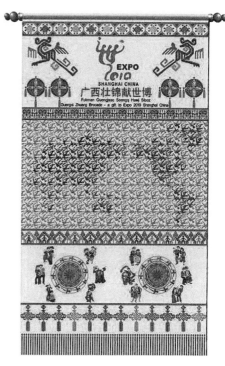

图7-7　铜鼓壮锦设计

7.1.6　在网页设计中的运用

随着人们使用网络的趋势不断加强，网页设计变得非常重要。只有别出心裁的网页设计和高质量的内容才能吸引浏览者驻足。

用铜鼓元素作为网页背景的设计可以让人联想到这里不光风景秀美，还具有浓郁的文化内涵，让人过目不忘。

在图7-8贵州都市网的标头设计中，直观的图像与浏览者迅速达成共鸣，营造了中国网站本土文化氛围。

图7-8　贵州都市网标头设计

以上铜鼓在视觉传达设计中的应用方法研究，充分说明了利用铜鼓造型符号进行视觉传达设计是完全可行的。

7.2　在工业产品设计中的应用

当人们的生活水平不断提高，精神需求成为生活中的重要组成部分，人们便开始把美学应用于技术生产领域，也就催生了工业产品造型设计，开始了技术与艺术相结合的实践和活动，逐渐形成了一门独立的学科。国际工业设计联合会（ICSID）对工业设计这样定义："就批量生产的产品而言，凭借训练、技术知识、经验及视觉感受而赋予材料、结构、构造、形态、色彩、表面加工，以及装饰以新的品质和规格,叫工业设计。工业设计师应该在上述工业产品全部过程或几个方面进行工作,而且,当需要工业设计师对包装、宣传、展示、市场开发等问题的解决付出自己的技术经验以及视觉评价能力时,这也属于工业设计的范畴。"这个定义对工业设计师的工作范围、工作能力都做了要求和范畴规定。

产品造型设计不仅是人们误认为的外观设计,外观设计只是赋予产品外在的表现形式,只是工业产品造型设计的一部分。设计过程中,更多的要考虑蕴含在产品中的人机关系理解、技术知识、市场需求、文化价值观念等,充分说明了设计是技术与文化艺术的结合。

在广西,铜鼓元素运用于产品设计相当普遍,运用的方法归纳起来,主要有以下几种。

7.2.1 直接模仿式运用

直接模仿也就是仿真铜鼓的制作,大多数体现在小型铜鼓礼品制作上。我国西南地区是中国铜鼓的发源地,集中了中国大多数的铜鼓。如云南、广西等地,铜鼓种类齐全,数量众多,铸造精美。因为铜鼓也是重器,所以很多人认为收藏一面铜鼓,会给人带来力量、吉祥和幸福。所以在旅游胜地云南、广西等地制作仿真小铜鼓,具有相当重要的意义。既能带动当地的旅游产业,又能发扬本土的优秀文化传统。

在制作仿真铜鼓时,可以把表面材质通过特殊工艺处理成仿青铜质感,体现铜鼓的真实性、历史悠久性以及沧桑之感。也可以采用不同材料改变其质感,比如采用银铜、水晶、实木、青花瓷等材料进行制作,来提高产品的经济价值和收藏价值。

图7-9　银铜铸金和青花瓷小铜鼓礼品

银铜铸金材质的小铜鼓和青花瓷质感的小铜鼓（图7-9）比起青铜器铜鼓，少了些许的沧桑，而增添了些许的秀美，更具装饰性和收藏价值，为小铜鼓礼品制作开辟了一块新的天地。

7.2.2　间接模仿式运用

间接模仿是指在不同类产品之间的造型设计上的相互模仿，即用铜鼓的造型为元素应用到其他工业产品造型的设计创意上。

把铜鼓的造型运用到其他工业产品的造型设计上，来增加铜鼓类工业产品的流通量、提高经济价值、扩大传统文化的宣传力度、加大城市形象的宣传和知名度。比如生活用品、家具、玩具、照明产品、饰品甚至服装设计，都可以采用铜鼓造型为元素进行创作。

广西铜鼓魂茶具设计（图7-10）就是采用铜鼓造型为元素进行的设计，铜鼓形茶叶罐、铜鼓形茶壶、铜鼓形茶杯、铜鼓形茶盘，造型美观、形制独特，把茶道与铜鼓两种广西传统文化结合起来，充分体现了广西独特的个性和特征，有着浓厚的广西文化气息。

第七章 铜鼓造型在现代设计中的运用方法

图7-10 广西铜鼓魂茶具的设计

除了运用到其他产品的造型设计上之外,还可以把铜鼓的造型运用到产品的包装造型设计中,铜鼓造型的包装效果能给人留下深刻的印象而产生认同感,从而产生购买欲。

另外,用铜鼓的造型元素做包装造型设计(图7-11),铜鼓造型的使用价值得到延伸,同时又别具一格,具有浓厚的广西本土特色。

这种直接模仿和间接模仿的设计在很大程度上保持了铜鼓原有的外表形态,能够直观地体现铜鼓所隐喻的价值和意义。这两种方法很多都是运用于礼品的设计制作上,成为西南地区旅游客人选购礼品的首选之一,有利于提高西南地区的知名度,促进西南地区旅游经济的发展。

模仿是一种常见的自

图7-11 广西酒类铜鼓造型包装设计

151

然现象,也是一种普遍的社会现象,产品设计充分利用模仿的方法,可以创造出更多符合现代生活需求的产品,有利于提高人们的生活质量,促进现代产品设计的进一步发展和完善。

7.2.3　替代式设计运用

替代设计就是在产品开发设计中,用某一事物替代另一事物的设计。比如可以采取材料替代的方法对铜鼓乐器产品进行设计。铜鼓是音乐器材,这种优秀的音乐功能可以加以运用和改良,可以试着改变铜鼓的材质来制作鼓,看看有什么音质效果,以此产生更多的、更优秀的乐器。

另一种替代设计就是同类产品之间采用造型互相替代的方法进行设计。也就是把铜鼓造型运用到其他时尚音乐产品中,比如耳机、MP3等的造型设计上,让传统文化在年轻一代中进行传播和交流。

铜鼓首先是乐器,替代设计是对作为乐器的铜鼓文化发扬光大,对铜鼓文化的传承和发扬光大具有很重要的意义。在这方面还有很大的研究和开发空间,是需要音乐家、商家和设计师共同关注和努力的。

7.2.4　平面装饰于产品设计中的运用方法

平面装饰法就是指把铜鼓的造型先平面符号化,再运用在其他产品的表面上作为装饰。

这种设计的方法首先是要把铜鼓元素进行平面符号化处理,这个元素可以是鼓面,也可以是鼓身,还可以是整个铜鼓造型,也可以采取一个局部做元素或采用铜鼓其中的一个纹饰做元素。把所需

第七章 铜鼓造型在现代设计中的运用方法

的元素概括成点、线、面，根据点、线、面以及色彩的视觉心理，运用对比与统一、对称与平衡、节奏与韵律、条理与重复、比例与权衡等形式美的原则，结合材料、工艺、技术及功能等方面进行总体意匠，形成图案，再运用到其他工业产品的表面上，起到装饰的效果。

铜鼓戒指（图7-12）、铜鼓袖扣（图7-13）等都是用鼓面元素的图案装饰在戒指和扣子的表面上。把铜鼓的纹饰运用于首饰设计上，显得既别致又独特，既传统又时尚。

图7-12 铜鼓戒指

图7-13 铜鼓袖扣

当然，铜鼓平面装饰法还可以运用到许多领域，平面装饰法特别是关于纹饰的运用，对研究铜鼓纹饰所隐喻的意义以及构成原理有很重要的意义。

7.3 在环境艺术中的设计运用

环境设计虽然是以建筑学为基础，但侧重点不同。与建筑设计相比，环境设计更注重营造建筑的室内外环境艺术气氛；与城市规划相比,环境设计更注重落实与完善规划细节;与园林规划相比,环境设计更注重整体与局部的关系。

我们在做环境设计时往往只注重环境设计的硬件建设,而忽略了与这些物质与功能相对应的视觉识别和视觉信息传递等软件设施。环境视觉标识设计使人在生活环境中除了感到舒适方便外,亦能受到艺术氛围的熏陶,有效地使人们在空间环境中得到适当的信息。

7.3.1 铜鼓元素运用于室内装饰设计中

室内设计是根据其建筑物的相应标准、所处环境、使用性质,运用建筑设计原理和物质技术手段,创造舒适优美、功能合理,能满足人们物质和精神需求的室内环境。

在室内设计中,色彩搭配要合理。色彩、色调是室内设计中最活跃、最生动、最重要的因素。好的色彩设计能给人带来愉悦感和享受,对人的身体健康和心理健康都会产生正面的影响,否则,会对人的身心健康产生负面的影响。比如医院的室内色彩设计,尽量用比较淡雅温和的颜色,如淡蓝色、淡粉色等,给人心绪平静的感觉。比如咖啡厅的室内色彩设计,就适合用比较深的暖色调,制造一种温馨浪漫的氛围,等等。

在室内设计中,质地的选用要合理。室内设计中,材质的使用,能巧妙地衬托出氛围。比如用坚硬、平整的花岗石地面,会显得平滑、凉爽,而使用地毯地面,会显得温暖、温馨。不同的功能空间应该考虑不同的材质,体现人类不同的心理需求。

在图7-14中,设计师用圆形的铜鼓图案作为电视背景墙的装饰,打破电视背景墙和电视机方形的刻板,使墙面产生方中有圆、圆中有方的对比效果。又为了避免圆和方的对比过于强烈，在沙发背景墙（图7-15）的设计上，采用了隐藏部分圆面的做法，呈现了大半个圆面。这样的设计留给人们更多的想象空间，使鼓面更具神秘感。

图7-14　客厅铜鼓电视背景墙面设计

图7-15　客厅铜鼓元素沙发背景墙设计

图 7-16 室内铜鼓雕塑墙面设计

图 7-16 是在室内界面上以铜鼓造型立体雕塑作为装饰,传统文化与现代室内温泉设计相融合,有效地烘托了历史文脉气氛等精神因素。在光照下,室内的形、质、色融为一体,给予人们强烈的视觉感受。

7.3.2　铜鼓元素运用于舞台环境设计中

演出的形式决定了舞台空间的形式,从古希腊的环形剧场到镜框舞台,从镜框舞台到中央式舞台、广场演出、伸出式舞台等,都是由演出的形式发展而决定的。镜框舞台是发展最成熟、运用最广泛,也是历史上使用时间最长的舞台样式。

铜鼓造型运用于舞台背景设计中,起到营造文化主题氛围、凸显传统铜鼓文化特色的作用。曾在巴马瑶族自治县举行的广西河池第八届铜鼓山歌艺术节开幕式晚会上,以硕大的铜鼓鼓面造型作

第七章 铜鼓造型在现代设计中的运用方法

为舞台背景设计，呼应了晚会主体，配以绚丽的灯光，光彩夺目、气势辉煌。

广西国际民歌节是广西壮族自治区南宁市一年一度的民族文化盛会，对南宁经济的发展有着重要的影响，在这个国际性的节日里，铜鼓的形象比比皆是，成为民族文化的象征。

图7-17中的设计方案是以壮族文化展现为主题的舞台设计。在设计中铜鼓元素占主导地位，其他壮族元素围绕铜鼓元素为中心展开。舞台两旁立柱上挂着壮族的壮锦，展示台上摆设着壮族的铜鼓，舞台的前面阶梯设计是从壮族的梯田中得到灵感，中心绣球造型由两个一半的绣球组合而成，它可以在舞台上随着已定的运动轨迹运动，可以打开、散开又可以重新闭合（图7-18）。

此设计以壮族文化为主题，并与现代舞台高科技相结合，不仅有浓厚的民族文化气息，同时又具有现代创新的生命感，成功展现出了壮族文化的精髓。

图7-17　铜鼓元素舞台设计（设计：张我云）

图7-18 铜鼓元素舞台开启方式设计（设计：张我云）

7.3.3 铜鼓元素运用于城市雕塑设计中

城市雕塑的设计，必须符合当地的地理环境、历史人文、城市公众心理，要符合城市大空间形态上的整体景观效应。了解了雕塑设计的这些原则后，设计出来的作品就不会出现刚建成又拆除的现象，造成资源的极大浪费和对艺术的亵渎。

广西百色大铜鼓雕塑"句町铜鼓"（图7-19）是世界上最大的铜鼓雕塑。句町铜鼓是在1972年西

图7-19 广西百色大铜鼓雕塑"句町铜鼓"

林县普驮铜鼓墓葬中出土的,属于石寨山型铜鼓,直径77.5厘米,高52厘米,鼓身装饰有羽人纹、渡船纹和白鹭纹,具有浓厚的百色文化特色,此雕塑是把原形进行放大的雕塑设计,总高达到15.6米、直径有13.6米、厚度达到8.9米、重量达到32吨。由于铜鼓雕塑符合当地的文化特色、地理环境和人文风情,所以已经成为百色市创建文化名市的标志性建筑之一。

7.3.4 铜鼓元素运用于园林小品设计中

中国有着历史悠久的园林景观设计传统和文化,从江南水乡精巧质朴的苏州园林到北方大气恢宏的皇家园林,无不向世人展示着中国古典园林景观的艺术成就。

园林小品与设施大致可分为可用性、可坐性、可观性三种类型。比如室外的花坛边、座椅和台阶等都可以坐,所以属于可坐性园林小品。比如电话亭、宣传栏、自行车停放架等都具有除了坐以外的其他实用功能,所以属于可用性园林小品。比如喷泉、文化墙、装饰小品等都没有实用价值,但有观赏价值,所以属于可观性园林小品。当然很多园林小品同时具备以上三种功能,这种园林小品是我们设计师所提倡的,也是人们所喜爱的。

在园林公共场所逗留、休闲,对城市居民来说,是一种精神享受。这种休闲是人们生活中不可缺少的一部分,所以园林设计在城市空间规划里尤其重要,而园林小品设计又是园林规划中最重要的组成部分,是点睛之笔,好的园林小品设计是成功的园林设计至关重要的关键点。

图7-20　草坪铜鼓园林小品

图7-20是广西南宁会展中心的园林小品设计。南宁国际会展中心是面向东盟的、世界知名的区域性国际会展中心,是国际国内品牌展会中具有吸引力和影响力的展会平台,是广西南宁面向世界的一个窗口。在图中,可以见到红花绿草、非常喜庆,在中间用两个铜鼓造型小品进行点缀,更凸显了民族地域性和文化内涵,和紫荆花造型的展馆相得益彰、相互映衬,一片和谐之景。

图7-21　铜鼓园艺造型

图7-21是五象广场上的铜鼓造型园艺设计。完全用植物创造的铜鼓造型,生动、环保、绿化和美

化了环境。

园林小品设计要在设计艺术的开放与互动精神中发展,尊重文化差异和传统,用开放的头脑面向未来。合理地利用好传统的文化元素,更好地挖掘本民族的文化财富和艺术瑰宝,对城市景观设计具有重要的意义。

7.3.5　铜鼓元素运用于城市公共空间地面铺装设计中

人们的各种活动和交流都是在相应的地面上发生的,地面设计是指户外交往场所里面的地面设计,包括水面和陆面,其中地面铺装设计又是地面设计中的一个最重要的环节。

好的地面铺装设计既能美化环境,又能衬托建筑、雕塑、小品等。好的地面铺装设计应该具有装饰性,同时也应该是实用和经用的。地面铺装设计中可选用的材料很多,不同的材料有不同的性格。比如仿古广场砖、彩色陶制广场砖显得雅致严谨;花岗岩显得活泼;混凝土则显得粗犷;等等。所以在设计时需要考虑公共空间的不同特点、交往活动的不同特点和环境氛围的不同特点等因素的影响。

图7-22是太阳纹地面铺装设计,前面讲过太阳纹是铜鼓图案中具有代表性的纹饰。太阳纹地面铺装设计的发散性构成形式适合使用在公共空间的中心位置,体现了空间的共享性、疏导性和空间的视觉中心感,完美地将环境与视觉感受相结合、将装饰与导向相结合。

加大铜鼓元素在西南各文化景点设计中的运用,增设铜鼓文化墙、文化石和雕塑,对提升西南地区旅游文化内涵,延伸西南地区旅

图 7-22　铜鼓造型地面铺装设计

游资源附加值能起到很大的作用。

7.3.6　铜鼓元素运用于建筑设计中

建筑设计是设计者用图纸和文件表达建设任务、施工过程、存在的问题、可能发生的问题的解决办法和方案。设计师的设计图纸是备料、制作、建造、施工组织等工作的依据,其目的是使建筑物满足使用者和社会的各项使用功能和审美要求。

在建筑设计运用的过程中,可以将铜鼓元素进行图案化,将平面构成的表现形式运用于环境艺术中墙面或地面的设计中,把墙面和地面的设计表现得更加丰富和完美。也可以用数码技术对铜鼓元素图像化、图案环绕化,使墙面和地面的设计由单向性、稳定性向互动性、流动性转变。也可以将铜鼓元素在环境艺术中进行立体化

第七章 铜鼓造型在现代设计中的运用方法

设计,铜鼓本身就是个三维立体,只要进行合适的空间设计运用,就会取得独特的艺术效果。广西铜鼓博物馆设计方案(图7-23)、云南保山博物馆设计(图7-24),高贵气派,都有很强的视觉冲击力。

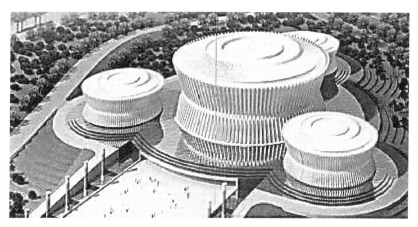

图7-23 广西铜鼓博物馆设计方案之一

图7-24 云南保山博物馆设计

另外，也可以把铜鼓元素与其他元素进行结合设计，比如与壮族的绣球、壮锦，侗族的风雨桥、鼓楼等结合设计，使它更加多元化和艺术化，更具艺术感、创新感。

产品设计、视觉传达设计、环境艺术设计是现代设计中具有代表性的三大设计领域，通过研究铜鼓造型符号及其在产品设计、视觉传达设计、环境艺术设计中的应用，一方面说明了传统文化应用的基础必须是对其形态及隐喻的多义性进行详细的剖析和研究，才能让传统文化与现代设计的结合具有逻辑性和合理性，另一方面这种研究对于研究其他传统文化在现代设计中的运用也有一定的参考价值。

第八章 铜鼓造型设计产品市场开发

通过对铜鼓元素在现代设计中的运用研究，我们找到了铜鼓现代设计的一般规律。设计讲究的是以人为本，鲁班曾说过："为人所用的设计称为巧，不为人所用的设计称为拙。"有了铜鼓设计应用的一般理论知识，面临我们的最迫切的问题是铜鼓造型设计产品市场开拓，只有让铜鼓元素设计产品投入市场，并顺利流通，才能达到推广、传承传统民族文化的目的。

8.1 加大铜鼓造型设计开发

8.1.1 探索新时代设计方法

随着时代的进步和发展，设计方法本身也在不断更新优化，产品的特性也得到了极大的提升，设计早已不是一个孤立的环节，在整个设计产品开发的过程中反复不停地穿插和渗透，或者说，开发的过程，也是设计的整个过程。

铜鼓造型是极具民族性、地域性的传统造型,在新的时代背景下既要传承传统特性,又要赋予其新的形态和时代特征,那就要求设计师不断探索新的设计方法和设计理念,大胆创新,与时俱进。

8.1.1.1 5W2H法

5W2H法是一种常用的调查设问方法,其设问要点包括:

What:明确基本性质,即是什么、做什么、条件是什么、目的是什么、重点是什么、规范是什么,等等。

When:明确时间的条件与限制,即何时开始、何时完成、何时最佳、何时最危险、何时联系、何时停止,等等。

Where:明确空间的条件与限制,即何地发生、何地安全、何地适宜、何地危险、何地最佳、何地需要,等等。

Who:明确对象因素,即什么人,如为谁决策、由谁执行、谁会赞成、谁会反对、对谁有利、对谁有害,等等。

Why:明确理由与前提,即何故、为什么,如为什么会这样而不会那样、为什么需要改变或不需要改变、为什么成功或不成功,等等。

How:明确方法因素,即如何、怎样,如怎样做最好、怎样做最不好、怎样提高、怎样改变、怎样上升、怎样下降、怎样发展、怎样取胜,等等。

How much:明确数量概念,即多少,如对成效、成本、优点、缺点、成功可能性、遗留问题的量化分析,等等。

5W2H法实际上是列举出所有基本要素,全面地对设计过程中产生的问题进行系统分析,因此,在新时代背景下,是经常用来对产品的各种可能性进行分析的方法。

8.1.1.2 头脑风暴法

头脑风暴法属于智力激励法,头脑风暴法简称为"BS"(Brain Storm)法,是美国人A.F·奥斯本首创的,即以特殊的形式激励群体中所有参与思考、发明、设计、创造的成员都能最大限度地激活创造性智力,从而在较短的时间内收到明显的创造成效。这种思维方法是以群体的思维智慧,发挥1+1大于2的效应,在铜鼓造型产品设计过程中,运用团队协调创造的方式激起所有参与设计者的思维共振,实现知识互补,特别是传统文化、民风民俗、地域特点和数码科技手段的互补,都能够充分发挥设计师的创造力,可以在短时间内产生大量有实用价值的设计创意。

8.1.1.3 联想法

联想法是根据事物之间的某种关联而展开思考的设计方法。针对传统铜鼓造型的改良与优化,联想法能够让设计师发散思维,大胆联想,不断创新。在此介绍焦点式联想法。

焦点式联想法固定所要解决的问题,通过发散思维和侧向思维寻找解决问题的方法,要求将所有思考的焦点都集中于一个要解决的问题,紧紧围绕这一思考中心进行,所以称为焦点式联想法。

运用焦点式联想法进行铜鼓造型创新可以通过这样的方式进行:选定焦点,即基本铜鼓原型,选择三到四个偶然对象,把偶然对象的特征与铜鼓原型进行联合联想,形成新的思路,通过这些新思路、新观念,得出新的设计方案。

8.1.2 对设计方案进行优选

在设计师发散思维,勇于创新的创意和联想后,会形成各式各样的设计方案,由于铜鼓造型产品开发需要耗费大量人力、物力,投入大量资金,因而决策者必须在这形形色色的方案中进行优选,优选的过程会在整个设计过程中反复出现几次,设计师要先对所有的创意方案进行优选,进而优中选优,再交与不同团队的设计师或评价人员再次筛选,最后确定优选方案进行优化设计。

铜鼓造型产品在优选过程中,必须符合以下三大特性。

一、功能性

功能性是指产品在创新和设计时必须具有特定的功能与效用,功能性是产品设计创新的根本要求。从古罗马时代开始,便有"适用、坚固、美观"的设计原则(古罗马建筑设计原则),我国亦提倡"适用、经济,在可能条件下注意美观",这都把功能性放在首位。因此在铜鼓造型产品设计优选过程中,特别是具有实用功能的铜鼓造型产品,功能性是优选首要考虑因素。

二、经济性

经济性是在设计创新过程中要考虑到原材料、运输、储藏、推销等生产成本,从而制定出合理恰当的市场价位,以最小的成本获得适用、坚固、美观的设计产品,提升设计产品的性价比,使其在同类产品中获得市场优势。经济性包含了成本价格和市场价格两个方面:一方面,通过合理设计、优化设计降低产品生产成本;另一方面,想方设法提升市场价格,达到扩大设计产品利润的目的。

三、艺术性

艺术性是指通过提升设计产品的外在形式,唤起人们美的感受,提升产品的审美价值。审美价值是提高设计产品市场价值的关键因素,优秀、合理而富有创意的设计往往能打动消费者,在相同功能的前提下,消费者会愿意付出稍高的价格去选择心头所爱。

而对于以审美功能为主的设计产品,艺术性甚至超过了功能性。就铜鼓造型设计产品而言,若是以铜鼓为母题的造型工艺摆件等艺术品,着重应该突出其民族特色和地域特色,艺术性更是不容小觑。

8.1.3 对设计方案进行评价

对设计方案进行评价在设计过程中占有十分重要的地位,所谓设计评价,是指在设计过程中,对解决设计问题的方案进行比较、评定,由此确定各方案的价值,判断其优劣,以便筛选出最佳设计方案。设计方案可以有多种形式,可以是图样,也可以是模型、样机、产品等。设计评价一般以会议讨论的形式进行,在评价过程综合各个部门各个领域的专业人员意见。

设计评价的主体可分为设计师、主管部门决策者、消费者和生产经营者。设计师作为方案评价的主体,多从产品的宜人性、使用性、时代性等综合因素加以评价。主管部门的决策者作为评价者,除与设计者标准相似外,更加考虑可行性。消费者作为评价者,多考虑性能、价格、安全性、审美性等方面因素。生产经营者作为评价者,多从成本、利润、可行性、生产周期等方面进行考虑。

设计评价贯穿于设计过程当中,按照不同标准进行归类,方案设计评价有以下三种类型。

一、按方案设计时间阶段分，可分为阶段性评价和最终评价两种

阶段性评价是对各设计阶段取得的成果做出评价，以保证设计按照原定的计划进行。

最终评价是对设计部门取得的最后设计成果的评价，以确定是否转入试产、量产和商品化阶段。

二、按照评价依据的性质分，又可分为定性评价和定量评价两种

定性评价是指对非计量性的评价项目，如审美性、舒适性、创造性进行的评价。

定量评价是指对可计量的评价项目，如成本、技术性能等参数进行的评价。

三、从评价的过程分，可分为理性的评价和直觉的评价两种

理性的评价以理性判断为主，如判断方案的价格或成本。

直觉的评价以直觉或感性的判断为主，如判断方案色彩的问题。

在设计过程中往往需要交互式的评价，即同时运用几种评价方法对设计方案进行评价，由此可见，功能性、艺术性、审美性三者的统一是完美产品方案设计的基本要求。

8.2 开拓铜鼓造型与产品设计的新市场

当下，铜鼓造型产品设计内容多局限于旅游宣传、旅游纪念品、工艺品摆设，在城市尺度多是直接将铜鼓造型转化为城市雕塑、小品、浮雕、地面铺装等方面，要开拓铜鼓造型产品的新市场，必须要从设计着手，增加铜鼓造型与日常生活的联系，让铜鼓文化渗入日常生活的方方面面，不断开发新市场，扩大市场占有率，同时铜鼓设

计产品可以进一步打入国际化的旅游市场,使铜鼓设计产品代表中国传统文化走入国际市场。

8.2.1 铜鼓造型与产品设计在新领域的结合

要扩大铜鼓造型产品的知名度和影响力,必须在铜鼓造型的产品设计上深入探究,在传统工艺品造型设计上不断推陈出新,同时将铜鼓造型运用在新的设计领域。

一、铜鼓造型设计进入百姓的日常生活

铜鼓造型设计体现着传统的民族性、地域性,不仅仅是区域特色旅游的代表,更应该走入寻常百姓家,成为日常生活中的必须品,使人们在生活的点滴中潜移默化地感受传统民族文化的魅力。如铜鼓造型的茶壶(图8-1)壶身为铜鼓造型,壶盖顶把设计为铜鼓鼓

图8-1 铜鼓造型茶具

图8-2 铜鼓造型男士手表

面上常用的装饰元素——青蛙。壶身四周以铜鼓和壮锦的花边作装饰。这样的设计融合了传统民族元素,将传统茶文化与民族文化完美结合,同时还将茶具设计为大、中、小系列产品,大套适合于行政办公接待、中套适合于家庭、小套专用于功夫茶道。又如铜鼓造型男士手表(图8-2),手表是身份地位的象征之一,采用铜鼓造型元素设计的这款手表,设计新颖,高端大气。表盘运用了铜鼓的外形、鼓面图案等元素,整体造型流畅、传统元素与现代审美完美结合,有效传承了民族传统文化,又不失现代感,是身份和地位的象征与体现。

再如TPOS推出的新品铜鼓系列LED强光手电(图8-3、8-4),这一系列产品旨在提供高亮度照明的同时注重对传统文化的传承,这样的设计也是其区别于其他照明产品的一个亮点。手电头部凹

图8-3 铜鼓系列LED强光手电

图8-4 铜鼓鼓面图案做成的开关

凸造型为铜鼓的抽象造型,手电尾部则是采用了具象的铜鼓鼓面图案做成的开关,橡胶材质的开关帽有很好的手感。产品的包装内还附有简要的铜鼓文化说明,让人们在购买使用产品之后,能更加深入地了解铜鼓历史和铜鼓文化,加深对传统民族特色的认识。

图8-5　铜鼓纹样夹心饼干(设计：覃祁)

铜鼓造型的产品还可以渗入日常生活的方方面面。如铜鼓造型纹样图案和食品的结合,包括铜鼓纹样夹心饼干(图8-5)、铜鼓纹样棒棒糖(图8-6)等,此类产品价格不高,造型又新颖独特,在日常生活中潜移默化地将铜鼓文化以及铜鼓造型纹样植入人心,让人们在不知不觉中加深对民族文化的认识。

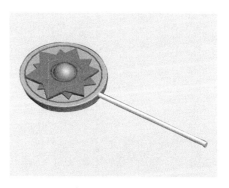

图8-6　铜鼓纹样棒棒糖(设计：郑艺博)

又如铜鼓造型与首饰结合,包括铜鼓造型的耳环(图8-7)、铜鼓造型的项链(图8-8)等,还有将铜鼓造型设计与传统儿童玩具结合,包

图8-7　铜鼓造型的耳环(设计：姬玉洁)

图8-8 铜鼓造型的项链

图8-9 铜鼓造型的拨浪鼓（设计：付文娟）

图8-10 铜鼓造型的陀螺（设计：王磊）

括铜鼓造型的拨浪鼓（图8-9）、铜鼓造型的陀螺（图8-10）等，让儿童在娱乐中也能感受到传统民族文化的魅力。

亦有将铜鼓造型运用在家居用品中，大到铜鼓造型的家具（图8-11），小到铜鼓纹样的手机壳（图8-12），铜鼓图案的印章（图8-13），都是将铜鼓造型或铜鼓纹样与生活中各种生活用品结合，在日常的耳濡目染中感受传统民族文化的气息，使得人们对传统民族文化有更深刻的了解和认识。

图8-11 铜鼓造型的家具（设计：杨旭）

第八章　铜鼓造型设计产品市场开发

图8-12　铜鼓纹样的手机壳
（设计：朱东旭）

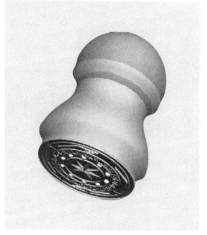

图8-13　铜鼓图案的印章
（设计：刘清华）

二、铜鼓造型进入高端市场

铜鼓作为传统民族造型元素，不能只定位在地方性旅游产品、工艺品、饰品等领域，要不断开拓新市场，不断提升铜鼓造型产品的市场定位，将铜鼓造型产品与高端市场结合，提升铜鼓文化的定位。

要使铜鼓造型产品进入高端市场，一方面可与高端品牌合作进行设计，另一方面可以利用贵重金属、珠宝等高端材料与铜鼓造型产品结合，提升铜鼓造型产品的品味与价值。如北京人民大会堂内的广西厅（图8-14～图8-16），则运用新颖的设计手法，展现铜鼓尊贵和华丽的艺术效果。铜鼓鼓面图案作为天面和绣球水晶灯融为一体，地毯的鼓面图案和天面藻井纹样相呼应，天地合一。正如天方地圆、日月同辉、华灯高照的文化内涵共鸣共生，充分表现出民族文化的魅力和现代设计理念的有机结合。

图8-14 北京人民大会堂内的广西厅运用铜鼓元素

图8-15 铜鼓造型的入口门扇

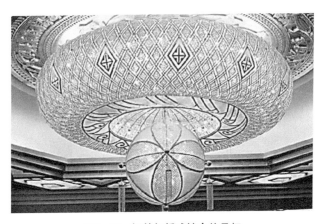

图8-16 铜鼓与绣球结合的吊灯

第八章 铜鼓造型设计产品市场开发

又如铜鼓造型的金银纪念币（图8-17），金银纪念币正面图案即为广西铜鼓鼓面图案，并刊国名、年号。纪念币上的铜鼓鼓面主体纹为太阳纹，中心呈放射状光芒，其周围为多层同心环带，由宽窄不等的图案组成，多层晕圈内的花纹装饰繁缛多彩，有芒纹、花卉纹等交错组成，其形态典雅、庄重，具有独特的地域风格。金银纪念币的正面以铜鼓为主体表现图案，昭示着中国少数民族文化遗存，更是民族现存文化传统的活见证，彰显着少数民族化的软实力，这种文化的魅力和生命力不但没有随着时间的推移而消沉，而且日益呈现出时代风格和国际影响，具有投资价值、收藏价值和广阔的升值空间。

图8-17 铜鼓造型的金银纪念币

8.2.2 铜鼓概念产品开发

8.2.2.1 概念、设计的内涵

概念,是反映事物本质属性的一种思维形式,这种思维形式,撇开了事物众多属性中的非本质属性,形成"概念"。这样的"概念"形成后,人们对事物的认识就已经从感性认识上升为理性认识,即把握住事物的本质。每种概念都有其内涵和外延,并非永远不变,而是随着社会历史和人类认识的发展不断变化。"概念"的设想体现出一种创造性思维。

设计,是创造事物的一种活动,也是人类社会最基本的一种生产实践活动,是创造精神财富与物质财富的重要手段。单就产品而言,设计就是运用科学理论知识和技术原理及经验,通过构想和计划使生产出的产品满足人类需求,即将人的愿望转换为现实物质。

8.2.2.2 概念产品

概念产品是通过各种分析、设计总结出理想化了的未来产品的趋势与走向,它不直接作用于生产、营销、服务,不属于终端产品。概念产品预示了当前和未来高科技发展的趋势,是人类展示想象力与创造力的绝佳手段,它极大地激发了人们对未来美好生活的向往与渴求。概念产品的目的是探讨新产品设计的多种可能性,这些具有新特征的可能性促使设计师站在更广博、更开放的视野上将现代科技同自然万物及人与文化等诸种因素加以融会,在未来创造出具有文化的产品。越来越多的产品制造商通过概念产品展示其超前的设计理念与科技实力,以显示企业的品牌形象与综合实力。从概念到产品,还有相当长的过程,概念产品是人们对未来产品发展趋

势的大胆设想,并未形成真正实用的产品,但随着科学技术的发展,人们思维方式的不断更新,将概念产品转换成现成产品的步伐会越来越快。

8.2.2.3 概念产品设计

概念产品设计是将设计初期结构化的、基本的、粗略的,但却是全面的构想,以可视、可触、可被人们感知的物质化形态实体表现出来。概念产品设计不需要考虑产品各方面的具体细节,仅从宏观把握设计,尽力表达设计师的创造性思维,最大限度体现产品可能性,从而成为产品创新的一种有效形式。概念产品是新产品开发研制的前期实验性产品,它领导着产品的设计走向,是产品设计的先锋,更是产品设计的探险。产品概念设计阶段以及后来的概念产品设计,由于极其强调创造性思维的设计精神而被其他设计行业广泛采用与吸收。

8.2.2.4 铜鼓概念产品设计

一、高科技领域的铜鼓概念产品

在当下信息时代,高科技的突破性发展,人们对科技的狂热追求更使得传统文化离的舞台中心越来越远。产品设计中传统文化的缺失是目前设计师面临的困惑之一,只要细心观察周围的产品,产品所表现的大多是工业技术的高超,文化的魅力对于产品,尤其是高科技产品更是心有余而力不足。在产品设计发展过程中,产品设计的方法,程序等日趋完善,很多产品有着趋于标准化程式的危险,这些因素使世界各国在设计风格上日趋一致。产品设计上的雷同,缺乏各民族的文化个性。

铜鼓文化与现代设计

图8-18 铜鼓造型的线控耳机

产品设计是以西方现代文化为基础的,因此,我们看到目前生活中的大多数产品缺乏中国传统文化的民族特征。作为一个中国设计师我们要努力在设计中注入传统民族文化特征。今天越来越多的人开始迫切希望传统文化与现代科技共生互补,正视传统文化与科学技术的同等地位。高科技领域的铜鼓概念产品设计应是这个时代科学技术与文化艺术的统一体。如铜鼓造型的线控耳机造型,将铜鼓鼓面造型与头戴式耳麦完美融合,整体风格兼具传统韵味却又不失现代感,作为数码电子产品,是在设计中将民族文化与现代科技结合的典范(图8-18)。

二、数码信息领域的铜鼓概念产品

人类历史从农耕火种到今天的信息时代,科学技术日新月异,数码信息技术进入了人们的生活,并迅速改变着人们的生产、生活方式。各种移动客户端如手机、平板电脑、电子书、智能手表等数码产品让人们的生活发生了翻天覆地的变化。设计师在关注传统文化与数码产品造型结合的同时,还应将目光放在与各类数码产品硬件配套的数码软件上。在数码设备中推广铜鼓文化,不仅要在设备造型上下功夫,对于产品的内置系统、内置软件也应该推出相应的配套产品。如推广铜鼓文化介绍性的苹果手机APP软件(图8-19),软件LOGO为抽象的铜鼓鼓面造型,使得软件的功能明确,主题突出,有利于铜鼓文化的传播与推广,也是铜鼓文化与数码信息领域的一种结合。

三、绿色生态领域的铜鼓概念设计

随着城市化进程的迅速推进,生态环境问题正日益成为人类社会共同面对的最大挑战。发展和推广绿色生态设计对于贯彻落实科学发展观,建设生态文明具有重要意义。随着我国可持续发展战略的

图8-19　铜鼓APP手机软件

渐进与深入实施,绿色生态设计理念已开始被逐渐重视,尤其是近几年呈现出了较好的发展态势。铜鼓概念产品设计与绿色生态设计的结合,是传统文化与现代科技、生态环境保护的更深层次的结合。如铜鼓造型的绿色建筑设计(图8-20),建筑整体布局有利于

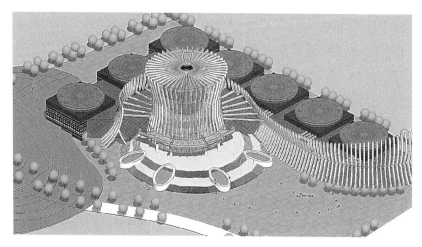

图8-20　铜鼓造型的绿色建筑设计

引导夏季主导风向进入建筑内部，主体建筑造型是铜鼓造型的抽象与提炼，建筑外立面设计成可以旋转的百叶墙，以调节自然通风和采光遮阴，整个设计的思路是尽可能地控制和减少对自然环境的使用和破坏，使得资源使用与节能环保达到一种可持续的平衡发展。

8.3 加强铜鼓造型设计产品的市场营销

8.3.1 加强铜鼓文化的市场宣传力度

当物质文明发展到一定阶段时，人们对文化的需求就会越来越强烈，这不仅表现在对文化产品，如书籍、音乐、艺术品等的消费上，更明显地是表现在对物质产品所蕴含的文化意义和象征意义的消费上，包括对于奢侈品的消费。奢侈品与普通产品在基本功能上往往并没有太大的区别，比如，一个价值上万元的手包和几十元的手包在收纳功能需求上都是相同的，但是奢侈品手包仍然受到消费者的追捧。这时，消费者所追求的就不再是手包的收纳功能，而是奢侈品手包品牌文化带来的财富、地位的象征。在这种情况下，人们对文化的消费需求远远超过了产品功能本身。

铜鼓文化市场营销的关键就是铜鼓文化的民族独特性。铜鼓文化蕴含着深厚的传统文化底蕴和地域民族特色，这种文化具有强烈的感染力，因为它是一个民族或者一个区域长期以来形成的一种文化认同感。但是对生活在该区域之外的人，也需要获得这样的文化认同感，并使这样的认同感不断强化，甚至转化为自豪感、荣誉感，就必须加强对铜鼓文化的市场宣传力度，不断向大众传播铜鼓独特的文化内涵以及它们对人们生活的影响。让越来越多的人对铜鼓文化不仅知其然,而且知其所以然,建立对铜鼓文化的理解和对铜鼓设计产品的认识,从而使消费者萌发对铜鼓产品的新兴趣和需要。无论是国内的消费者还是国外的消费者,购买具有铜鼓文化特色的产品,其目的不单是产品本身提供的功能或效用,而是对铜鼓文化的认同和推崇。

一、强化铜鼓文化的宣传渠道

铜鼓文化发展到当今社会,已经从原始功能蜕变,成为一种最能代表地方民俗特色、文化精神的符号之一。对于铜鼓文化的宣传要结合时代发展的需求,一方面是外在的社会需求,另一方面是内在的民族传统文化的继承需求。使得铜鼓成为一种既让群众认同,又具有鲜明特色的地方文化"符号"。

文化的宣传和营销是产品的营销之先驱。铜鼓文化的宣传应以独占天时、地利、人和的广西地区为基石,向外多元传播。媒体是当今信息化时代,多元文化交流的最佳载体。铜鼓文化的传播宣传应充分利用多种手段,包括广播、电视广告、海报广告等,并与多元的地方艺术形式相结合,如民歌、舞蹈、民俗表演、书画、摄影等。亦可利用广西地区丰富的旅游资源,通过旅游景观、商业演出、旅游产品等方式介绍宣传。结合文化产品,多元化、整体性的宣传营销,对于许多行业来说是互利行为。

二、利用数码信息平台宣传铜鼓文化

在当今数据化时代,人们每天接收到最多的是各种信息终端的数码电子信息,人们的生活离不开数字网络。同时,数字网络也为文化传播提供了最为快速的渠道。信息化时代,广泛的文化交流打破了传统的地域性壁垒。文化的传播与被接受,成为决定其未来发展或式微的关键。

　　铜鼓文化的宣传应适应当今社会信息交流的方式，以现代社会人群所习惯的信息文化接受方式，利用多元信息平台，包括手机、平板电脑等各类数字移动终端设备，同时推出如微信公众号、新浪微博等公众参与界面，向世人展示铜鼓文化特有的个性及独特的地域风格。只有这样才能起到最为广泛的社会效应，达到最佳的宣传目的。

　　这还需要相关政府部门及社会力量，包括企业和人民群众等的共同努力。比如通过加大铜鼓传统文化公益广告宣传，推出以铜鼓文化为核心内容的一系列纪录片、电影或者是动画片、动漫游戏，以提高大众对铜鼓文化的兴趣，增强大众对传承传统文化的责任感。企业也可以依托铜鼓文化对其相关产品概念进行宣传。而且消费者在接受地方文化的同时，也加深了对企业的印象，有利于企业形象的传播和消费者忠诚度的建立。

8.3.2　加强铜鼓品牌观念

　　文化贸易发达国家都非常重视文化产品品牌观念，如美国迪士尼，一个小小的卡通人物米老鼠就能为美国带来超过一千亿美元的巨大利润，这就是品牌的作用。美国的好莱坞电影、日本的动漫、韩国电视剧，这些无一不是依靠品牌效应，横扫了世界的文化领域，产生了丰厚的利润，还将继续创造不可估量的价值。

　　目前，我国缺乏文化符号，文化品牌打造的意识。我国是有上下五千年历史的文化古国，传统文化丰厚，但具有影响力的品牌却寥寥无几，虽然个别的文化企业有过辉煌，但大部分是昙花一现，缺乏进一步发展的后劲。品牌的缺失是制约我国文化贸易发展的瓶颈,也是当下我国文化对外贸易必须面对的严峻现实。尤其是国内企业,研究缺乏对于自主文化品牌塑造、文化品牌营销的概念。当我们高呼"全球化企业""世界化企业",对世界500强中的中国企业评头论足的同时,应该反思本土企业的地方文化精髓,也许这才是企业独具的个性,也是一个企业未来发展的核心竞争力。同时,通过文化角度的挖掘也是对一个发展停滞的企业拜托瓶颈的有效手段。

在现今全球化的过程中,铜鼓产品、铜鼓文化要想让消费者记住,必须创立自己的品牌。一个企业如果有自己的文化品牌,这一品牌就相当于是这一企业的移动名片,可以帮助企业迅速打开国内、国外市场,增加企业自身的魅力和价值。铜鼓文化产业目前最缺少的就是品牌,没有品牌的效应使得当地的铜鼓产品在竞争中处于不利地位。换而言之,目前对于铜鼓文化的利用已经有了一定认识,可是欠缺实际的与之相匹配的企业品牌或有代表性、标志性的设计产品实例,这导致了目前对于铜鼓文化的挖掘利用较为凌乱,也是制约这一文化元素的传播发展的因素之一。所以说,加强铜鼓品牌观念,实施铜鼓品牌策略是铜鼓产品占领文化领域市场的重要任务。

第一,可以利用现有的一些知名企业,借其已有的市场影响力,与其联手共同创造其下的铜鼓子品牌。但要注意与现有品牌的企业文化保持一致。

第二,通过创意设计,打造现代铜鼓文化品牌。企业的市场定位不仅仅是销售铜鼓产品,而是在营销铜鼓文化。如纪元广告公司(图8-21),利用铜鼓的概念形象创建了公司的企业形象,凸显了企

图8-21 利用铜鼓的概念形象创建了公司的企业形象

业文化,让自身的企业品牌在同类企业中脱颖而出。

第三,通过名人效应来带动铜鼓品牌工程。利用名人效应的商业影响力,帮助铜鼓品牌形象的树立,同时拓展铜鼓产品的市场份额,更可以定位于国际市场,利用这些名人的国内、国际上的各种活动,把我国的传统文化、民族特色向大众展示。

8.3.3 加强铜鼓产品市场营销手段

市场营销的概念是个人和集体通过创造并同他人交换产品和价值以满足需求和欲望的一种社会和管理过程。市场营销就是在变化的市场环境中,旨在满足消费需要、实现企业目标的商务活动过程,包括市场调研、选择目标市场、产品开发、产品定价、渠道选择、产品促销、产品储存和运输、产品销售、提供服务等一系列与市场有关的企业业务经营活动。

市场营销的功能主要表现在"交换功能、物流功能、便利功能"。首先,市场营销具有的交换功能"主要包括购买和销售两个方面。在交换过程中,产品的所有权发生转移,买方主体需要对购买什么、向谁购买、购买数量、购买时间等进行抉择"。其次,物流功能主要是"为了实现产品在空间市场营销学位置上的转移,并调节产品的供求矛盾";再次,便利功能指便利交换、物流、资金融通、信息传递和产品标准化以及市场信息的收集、加工与传递等。

产品变成商品需要市场营销手段与渠道,铜鼓产品亦是如此,需要有多元的营销手段和渠道。因此,加强铜鼓产品市场营销手段,开拓新的贸易渠道就显得愈加重要。

在铜鼓产品的生产阶段要做到细分目标市场,有的放矢。在销售过程中减少中间环节,直接让产品与消费者接触,同时配合上铜鼓文化的宣传力度,建立铜鼓产品独特的营销模式。

一、加强铜鼓产品实体营销模式

实体营销也就是平常我们所说的传统营销,是企业传统营销的主要手段。实体营销是在实体店内销售看得见、摸得着的产品,因此除了可以直观地向客户介绍产品的外观特质外,还可以向其介绍使用价值,甚至可以让客户试用,这样的直观销售可以增加铜鼓产品的说服力和客户的信任度,使得销售的过程简单、直接。不可否认,实体营销依旧是目前铜鼓产品营销的最为主要的手段,加强铜鼓产品实体营销,包括店面定位和推广渠道两大部分。

(1)店面定位

对于铜鼓产品实体营销店面而言,做好店面的定位工作是十分必要的。它是经营者经营战略的一个具体体现。店面定位的合理不合理、科学不科学,将对以后的经营状况及店面的发展产生重要的影响。首先,要弄清铜鼓产品实体营销店面的营销内容,即功能定位。其次是档次定位,即消费群体定位,这关系到实体店铺商圈选址定位以及店铺内的商品销售结构,一般而言,高毛利商品走利,中毛利商品占主导,同时利用低毛利商品吸引人气。再次要考虑店铺形象定位,根据销售的内容和档次,确定店铺的风格特色。对于铜鼓产品实体营销店面而言,店面形象是吸引消费者的重要因素,要突出铜鼓文化、铜鼓造型特有的民族性、地域性,同时还要兼有时代的审美情趣。

(2)推广渠道

对于铜鼓产品实体营销店面而言,做好店铺的营销推广,增加市场的知名度和认可度,是铜鼓产品营销的关键步骤。首先,在实体店面渠道推广方面,单一、固定的店面是一个点,将一个点依靠宣传推广手段,变相地将店面形象或者店铺信息变成名片、画册、传单、折页、光盘等载体,在目标市场上流动展示宣传,从而转化成虚拟的千万个点,以达到聚点成面的作用。其次,可以形成庞大的代销联盟。将铜鼓产品放在类似的渠道店里去代卖、代销,如旅游用品店、大型超市、特产店、工艺品店等,给这些店铺利润返点,依靠这种代销模式,相当于形成了庞大的销售终端渠道,大大增加销售机会。再次,可以采取复制营销模式——加盟连锁模式,即采用将一个点复制成几十个、几百个点的营销推广模式,但更多要考虑的是店面的定位、理念、文化、形象、服务,以形成一个铜鼓的运营品牌,并整合铜鼓品牌的零售终端连锁商。最后,可以采取联合推广模式,将不同行业、不关联的产品进行联合推广,如将农副产品和铜鼓造型产品联合推广,或依靠一些文化艺术活动如旅游文化节、民俗演出、荷花节、瓜果推广节等活动进行共同推广。

二、加强铜鼓产品网络营销模式

如今是个信息发达的世界,信息网络技术被广泛运用于生产经营的各个领域,尤其是运用于营销环节,有预言说将来是电子商务时代。所以基于这种趋势,我们一定要加强铜鼓产品网络营销手段,是营销铜鼓产品和传承铜鼓文化的一种最迅速和最有效的手段。

网络营销全称网络直复营销,属于直复营销的一种,是企业营销实践与现代信息通信技术计算机网络技术相结合的产物,是企业以电子信息技术为基础,以计算机网络为媒介和手段而进行的各种营销活动,如网络调研,网络新产品的开发、分销、促销、服务等的总称。

通过民族文化和网络营销的结合,将铜鼓产品与区内外市场实现合理配置,其贸易往来可直接面对国内外市场,且具有低成本、高效率、小投入、大回报、可持续性的特征,非常符合区域跨越式发展需要。

针对关于铜鼓产品市场发展现状以及网络营销优势,铜鼓产品的网络营销在当下网络营销的基础上,衍生出以下几种新型的网络营销方式,具体方式如下。

(1)开展网店、网上商城营销方式

网店、网上商城营销是指企业借助第三方电子商务平台或者自建电子商务网站的形式,开设网上商城,以开辟企业的网络直销及网络服务等业务,来达到网络营销目的。网上商城除了有利于增加消费者的信任度外,借助第三方商务平台也可以很好地推进企业自身的品牌建设步伐,有利于企业提高品牌知名度和企业形象。铜鼓产品生产与销售的企业,可在网店、网上商城进行商品营销,淘宝网是国内最大的网店运营平台,京东网、亚马逊、当当网等,均是国内著名的网上商城,利用这些现有的第三方电子商务平台开展铜鼓产品的网络营销,可以迅速将铜鼓文化和铜鼓产品信息传递出去,扩大对铜鼓文化及产品的宣传,增强铜鼓文化产品的市场竞争力。另外也可以根据销售产品的类别自行建立第三方电子商务平台,当下著名的如专门销售酒类的酒仙网、专门销售化妆品的乐峰网、聚美优品网,专门销售旅游产品的途牛网、携程网等。此类按行业类别划分的第三方电子商务平台在该行业内有标杆作用,较综合性的网站能够更容易获取信息,让整个网络交易更为便捷、顺畅。

(2)开展网络博客、微博、微信等营销方式

网络博客、微博、微信营销指企业借助博客、微博、微信这种网络应用方式,通过对博客、微博、微信内容的不断更新来发布企业的相关产品或服务的信息,并以此种方式来吸引新老客户参与,达到企业网络营销目的。首先,博客、微博、微信是一种新型的网络在线应用方式,是铜鼓文化与消费者零距离接触的一种载体,企业通过博客、微博、微信等软件平台实现与消费者的真正互动,使消费者对于铜鼓文化以及铜鼓产品有更全面的认识。其次,博客、微博、微信等作为企业与消费者之间的一个交流平台,大大地增加企业的亲和力以及企业的文化的宣传。再次,企业还可以通过博客、微博、微信等软件,较为便利地得到消费者对产品的评价和反馈,从而改良铜鼓产品,使企业更好地发展。

三、加强铜鼓个性化产品营销渠道

由于人们消费水平不断提高,价值观念日益个性化,再加上产品越来越丰富,出现供大于求的市场趋势,消费者可以在众多同类产品中任意挑选,因此,个性化消费的趋势越来越明显。个性化消费即以满足顾客个性化需求为目的的活动,要求一切从顾客需要出发,为不同的顾客提供差异化的服务。

据资料报道,1997年年初,上海出现首张个性化定制的个人明信片,同年6月北京东城区邮局也开办了这项个性化业务,引得一些明星、作家、摄影爱好者、商人争先恐后印制个人明信片,开业3个月就印制70万张个人明信片。据有关资料显示,个性化产品正逐渐受到大众青睐,特别是高收入群体中的女性群体及个性张扬的年轻一代,都渴望在消费中体现与众不同的自我。因此涉及各个领域的个性化产品开始涌现,消费市场个性化也逐渐显现,这种互为促进的新关系正变更着企业的生产理念,个性化时代正向我们走来。

通过加强铜鼓个性化产品的设计、生产、销售,来满足现代人的个性化需求,体现消费者个人的自身修养、审美取向及艺术品位,体现消费者对传统文化、民族文化传承和再现的责任感和使命感。在销售环节注重建立消费者个人数据库和信息档案,及时了解顾客的喜好及对产品的需求,听取顾客提出的商品性能的反馈意见,及时调整设计、生产,迎合消费者个性化的需求,以多品种、小批量混合生产或手工生产取代过去的大批量生产,体现铜鼓产品的独特性。

8.4　注重铜鼓产品的市场信息反馈

市场信息反馈是指信息反馈流程前后衔接形成的一个完整的闭合管理体系。也就是生产经营在市场产生的信息,要返回生产经营中去,用以指导生产经营,更好地为消费市场服务。成功的铜鼓产品是需要经过市场验证和认同的,并非仅靠凭空想象就能设计出来。因此,对铜鼓产品的市场认知程度,决定了产品的市场前景。

8.4.1 增加市场调研力度,满足市场需求

一件成功的铜鼓产品,首先要从市场需求的角度出发,提供满足市场需求的设计产品是产品成功的重要因素。因此,设计首先应该从市场调研开始。

市场调研的目的是对市场上同类产品或相近产品及产品的市场供求信息有基本的方向性的把握,在设计产品项目确立伊始,一定要经过市场的调查与分析,判断此设计产品是否具有广阔的市场发展前景及市场需求,避免在市场上出现重复和雷同的产品,造成供大于求的局面,导致资源浪费。

市场调研过程主要包括调查访问、收集信息、归纳记录、资料分析和建立档案五个步骤。

一、调查访问

调查访问的方法有很多种,如问卷调查、电话采访、面对面的直接访谈和网上调查等,实际调查过程中需要因地制宜,不同类型的铜鼓产品应采用合适的调查方法。调查访问的目的是对设计过程中遇到的困难进行阶段性的排除。在调查访问过程中,需要了解消费者对铜鼓产品的使用要求与想法,聆听他们的宝贵意见,分析铜鼓产品在市场中的价值,以及铜鼓产品的市场前景,为下阶段分析、归纳、总结与设计提供真实有用的感性资料。

二、收集信息

一般来说,获得信息的方式有两种:一是调查访问所取得的信息;二是通过现有的书籍、网络资源等获得比较全面的信息。通过调查访问等方式取得信息需要动用大量的人力来进行归纳和分析才能够得到有用的信息,并且这些信息往往非常零散,但

是真实可靠。通过书籍、网络资源取得的现有信息是前人归纳总结出来的经验,全面而且具有一定的权威性,通常是一些技术类的信息。

三、整理归纳

调查访问得来的信息往往是以多种多样的方式呈现的,如表格、录音、视频、文字等,这些信息需要经过人为的整理,进行归纳,才能将有用的部分信息提炼出来,进入下一步的分析阶段。

四、资料分析

资料分析的目的是通过对所有有用的信息进行分析,了解市场、产品、消费者以及生产工艺和技术等方面的情况,为设计、生产以及销售阶段的实施打下基础。分析过程切忌主观臆测,一切要以实际作为出发点,否则会将铜鼓产品设计引入歧途。

五、建立档案

一个铜鼓产品的设计调研资料是非常繁多和庞杂的,信息分析结果也有很多的类别,在设计之初,很多的信息是不能马上应用的,这需要将这些信息分门别类地建立产品信息档案,供设计者在整个铜鼓产品设计、生产过程中查询。

8.4.2 建立销售端和消费端市场信息反馈机制

经营管理中的核心问题是决策,决策的依据是信息,信息能否作用决策在于反馈。重视信息反馈是确定生产经营决策的需要。

市场信息反馈的准确、及时,必然使企业的经营主动,经营得法、有道。而通过消费者不断的信息反馈,必然保证企业的经营沿着正确道路前进,在市场竞争处于有利地位。

对于铜鼓产品经营企业而言，有销售端和消费端两种主体，即卖方和买方的市场信息反馈。

一、销售端反馈

销售端的市场信息反馈主要针对消费市场的需求而言，什么样的商品畅销，什么样的商品滞销，什么样的产品更受到消费者的青睐和喜爱，这些信息都是销售端的一手信息，要及时反馈到经营企业中，必能对企业经营管理、方向决策提供帮助，对企业发展产生积极的促进作用。

销售端的信息反馈往往不是主动的，必须依靠铜鼓产品经营企业及时与旗下多个销售端进行沟通，将各商品的供货信息、销售信息与销售周期等多个数据综合起来进行量化分析，得到较为客观的反馈数据，以便进行下一步的经营决策。

但销售端的信息反馈也有局限性，如销售店铺的大小、经营的品种特色、所处地域区划等，不同的因素均限制了信息的全面性和可靠性，另外，在及时性方面，销售端的信息显然是滞后的，它只是反映了消费者当前的需要，而消费者潜在的和未来的需求它是无从直接反映的。

二、消费端反馈

来自消费端的市场信息反馈无疑是准确而又及时的。同时，这种信息反馈非但没有滞后性，反而从一定意义上说具有超前性。也就是说，消费者既反映了当前的适时需求信息，同时也反映出将来潜在的某些需求倾向。因此，作为铜鼓经营企业应努力收集来自消费者的市场信息反馈。

常用的市场调查方法均适用于获取来自消费端的市场信息。如"询问调查法"和"观察调查法"，都可以获得直接准确的信息，但这两种方法不容易在大量群体上实施,故而信息缺乏全面性。"抽样调查法"一般需委托专业的社会调查机构来做,其可靠性和全面性两个指标都很高。

8.4.3 通过市场反馈优化设计

通过对市场信息反馈的意见汇总,企业能够不断总结铜鼓产品仍然存在的问题,对铜鼓产品进行精确的修正,从而对铜鼓产品进行一系列的优化设计。

根据上一代产品的市场反馈情况进行改良,使得新一代产品比上一代产品更有品质保障。消费者通过使用上一代产品已经形成了对该产品和该企业的信任度,所以对该系列产品有一定的信任和感情因素。优化后的铜鼓产品与上一代产品具有延续性和衔接性,可以继承上一代产品的售后服务,并且可以回收利用换代产品的配件,避免造成浪费,形成绿色设计理念。

产品优化设计的方法大体有三类:产品重定位法,产品差异化法,因素改良法。

一、产品重定位法

产品重定位法实际上是用新产品开发的程序对老产品进行再设计、开发,往往一举克服原产品的多种缺陷,效果好,但费力也大。铜鼓产品企业做产品定位时,应克服主观,又不拘于老产品原来定位,以公众消费者的印象为准。

二、产品差异化法

产品差异化指使本企业产品有明显不同于竞争产品的特异处,以实行非价格竞争,目的是在特定市场内寻求横向的发展商机。针对铜鼓产品而言，产品本身已经有了铜鼓这一主题差异，但在同类产品的竞争中，还要注意从产品自身的功能出发，不能为了差异而强求差异，必须使差异受到顾客注意和喜欢。

三、因素改良法

因素改良法指对产品品质、功能、外观等特征加以改进。铜鼓产品品质改良要借助改进生产工艺，改变生产材料，改变工业标准和质量水平来实现。功能改良指改变铜鼓产品的结构形式、操作方法、使用寿命、使用场合等功能。外观改良指改变铜鼓产品的外形式样、颜色、质地，使之即符合当下审美特点，又能够传承民族传统文化。

参考文献

[1] 寻胜兰.新民族图形[M].北京:中国建筑工业出版社,2009

[2] 东美红.文化沙湾——传统文化在现代设计中的传承与传播[M].北京:中国建筑工业出版社,2009

[3] 寻胜兰.源与流:传统文化与现代设计[M].南昌:江西美术出版社,2007

[4] 牟宗山.市场营销学[M].济南:山东人民出版社,2008

[5] 卓骏.网络营销理论与实务[M].北京:科学出版社,2008

[6] 陈国强.产品设计程序与方法[M].北京:机械工业出版社,2011

[7] 王受之.世界现代设计史[M].北京:中国青年出版社,2002

[8] 董仲元,吉晓民,荆冰彬.设计理论与方法学研究分析[J].中国机械工程,1996

[9] 王淑慧.艺术设计的功能论方法[J].魅力中国,2011

[10] 谷彦彬.国内外现代设计教育的启示[J].内蒙古师范大学学报(教育科学版),2001

［11］周守维.顺应绿色潮流迈向绿色世界——工业设计中的绿色设计［A］.2004年工业设计国际会议论文集［C］.2004

［12］刘志峰.产品的可回收性设计［J］.机械科学与技术,1996

［13］李海峰.长空砺剑踏歌行：访中国空军功勋试飞员雷强［J］.兵器知识,2006

附图一 铜鼓造型艺术

一、铜鼓造型艺术

铜鼓的整体造型经历了从简单到复杂、从圆润到有棱有角的发展过程,整体装饰经历了从无到有、从简单到复杂再到抽象的发展过程。在这里把铜鼓造型图按名称分类和时期的先后顺序附在下面以便进行整体性对比。

1. 万家坝型铜鼓造型

2. 石寨山型铜鼓造型

3. 冷水冲型铜鼓造型

附图一 铜鼓造型艺术

4. 麻江型铜鼓造型

5. 北流型铜鼓造型

6. 灵山型铜鼓造型

二、铜鼓纹饰艺术

1. 鼓面装饰

（1）万家坝型铜鼓鼓面装饰

（2）石寨山型铜鼓鼓面装饰
① 石寨山型铜鼓鼓面太阳纹

② 石寨山型铜鼓鼓面雷纹

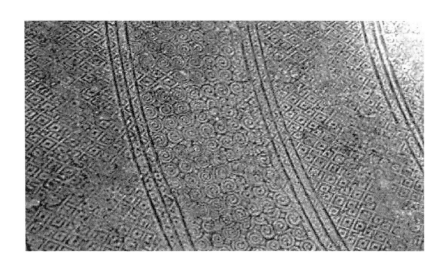

(3）冷水冲型铜鼓鼓面装饰
① 冷水冲型铜鼓鼓面太阳纹

② 冷水冲型铜鼓鼓面云纹

③冷水冲型铜鼓鼓面羽人纹、翔鹭纹、骑士纹

(4)麻江型铜鼓鼓面装饰
①由太阳纹向外发散的纹样分别为：
符箓纹、八卦纹、乳钉纹、栉纹、十二生肖纹、游旗纹

② 麻江型铜鼓鼓面太阳纹周围的篆纹

（5）北流型铜鼓鼓面纹饰

由太阳纹向外发散的纹样分别为：花朵纹、乳钉纹、水波纹、符篆纹、佛光纹、乳钉纹、云纹、花朵纹、乳钉纹、八卦纹。

（6）灵山型铜鼓鼓面装饰
① 灵山型铜鼓鼓面太阳纹

② 灵山型铜鼓鼓面太阳纹周围由内至外的装饰纹样分别为：虫纹、席纹、连钱纹、虫纹、铜钱纹、变形羽人纹

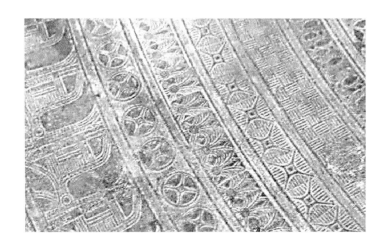

2. 鼓身装饰

（1）石寨山型铜鼓鼓身装饰

① 石寨山型铜鼓鼓身装饰

② 云南广南石寨山型铜鼓鼓身船纹

附图一　铜鼓造型艺术

③ 石寨山型铜鼓鼓身的勾线云纹、鱼纹、弧纹

④ 广西罗泊湾石寨山型铜鼓鼓身的羽人纹

⑤ 云南广南石寨山型铜鼓鼓身的砍牛图

（2）冷水冲型铜鼓鼓身装饰
① 冷水冲型铜鼓鼓身装饰

附图一 铜鼓造型艺术

② 冷水冲型铜鼓鼓身纹样从上至下分别为：水波纹、同心圆纹、划船纹

③ 冷水冲型铜鼓鼓身纹样从上至下分别为：水波纹、网纹、垂叶纹、弧纹、羽状纹、眼纹、羽状纹、眼纹

铜鼓文化与现代设计

④ 冷水冲型铜鼓鼓身纹样从上至下分别为：变形羽人纹、羽状纹、网纹、羽状纹、同心圆纹、羽状纹、栉纹、羽状纹、水波纹、羽状纹、眼纹、羽状纹、垂叶纹

（3）麻江型铜鼓鼓身装饰

212

(4)北流型铜鼓鼓身装饰

(5)灵山型铜鼓鼓身装饰
① 灵山型铜鼓鼓身装饰

② 灵山型铜鼓鼓身纹样：铜钱纹、螳螂蚊

③ 灵山型铜鼓鼓身纹饰从上至下分别为：铜钱蚊、骑兽纹、铜钱纹、虫纹

附图一　铜鼓造型艺术

④ 灵山型铜鼓鼓身纹饰从上至下分别为：铜钱纹、虫纹、花朵纹、四出铜钱纹、虫纹、铜钱纹、变形鸟纹、铜钱纹、蝉纹

3. 鼓耳的装饰纹

（1）石寨山型铜鼓鼓耳饰双股辫纹

(2)麻江型铜鼓鼓耳饰辫纹、羽纹或回纹

(3)北流型铜鼓鼓耳饰圆茎蛇纹

(4)灵山型铜鼓鼓耳刻网纹或双股叶脉纹

三、铜鼓雕塑艺术

1. 青蛙塑像

(1)冷水冲型铜鼓上的青蛙塑像

(2)灵山型铜鼓上的累蹲蛙

(3)灵山型铜鼓上的三足蛙塑像

附图一　铜鼓造型艺术

2. 马和乘骑塑像

冷水冲型铜鼓上的马和乘骑塑像

3. 牛塑像

（1）出土于桂平市三国时期的北流型铜鼓上的牛拉犁塑像

(2)广西平南同和乡白坟坪出土的铜鼓上的牛群

4. 孩童戏鸭塑像

5. 羊塑像

灵山型12号铜鼓足上的双羊塑像

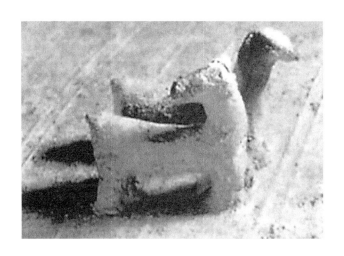

6. 虎塑像

广西玉林市沙田乡六龙村莲塘坪出土的灵山型铜鼓上的虎塑像

7. 穿山甲塑像

广西桂平县木根乡秀南村母鸡头岭出土的冷水冲型铜鼓上的穿山甲

8. 鸟塑像

灵山型铜鼓鼓身一侧靠近足部的鸟塑像

附图一 铜鼓造型艺术

9. 龟塑像

广西上林县三里镇双罗村云聪屯出土的铜鼓上的孩童推龟塑像

10. 鱼塑像

（1）在广西桂平市寻旺西南出土的铜鼓上的一对鲤鱼塑像

（2）广西象州县大普化村的铜鼓上的被拴住的鱼塑像

11. 田螺塑像

莲塘坪灵山型铜鼓上的三足蛙背田螺塑像

12. 谷仓塑像

广西平南县官成镇八宝村深塘出土的一面冷水冲型铜鼓上的谷仓塑像

13. 花树塑像

桂平市石嘴镇河口村石鼓岭出土的正组花树塑像

附图二　铜鼓元素设计作品欣赏

（一）抱枕设计（设计：曾梦涯）

铜鼓作为一种综合性的艺术欣赏品，其艺术价值应该得到传承和发扬。人们生活水平在提高，抱枕也成为日常生活的必需品，白天陪伴我们工作生活，夜晚陪伴我们入眠，一个人的时候，抱枕甚至会是心灵的依靠和倾诉的对象，它成为人们生活中不可缺少的一部分。

把中国传统文化与现代生活设计相结合，在人们的生活日常用品设计里利用传统元素，既能传承和发扬中国传统文化，又能提高人们的审美意识。

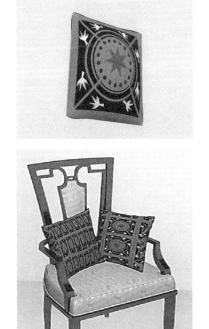

(二)坐垫设计(设计:韩建婷)

随着时代的变化,科技的发展,人类的生活水平有了很大的提高,人们在学习工作之余也注重民族文化修养,民族元素更深入地融入了我们的生活。

本方案设计以融合铜鼓纹饰为主,材料以咖啡色呢子布为主,以针织材料编制结合花纹制作成舒适柔软的坐垫,使人们感受到浓厚的民族风情。稳健的咖啡色、美丽的铜鼓图案、富有层次的花纹,代表信仰、崇拜、浓厚文化意义的太阳纹,不但体现了浓厚的民族文化,更能传达出潮流的信息,平衡个性的张力,提升人的品位,增添生活活力。

（三）铅锤设计（设计：吕金亚）

铅锤是生活中常见的建筑测量工具，利用重力作用确定其是否竖直。这个铅锤的设计，重点在于纹样的运用。铅锤中间纹样采用铜鼓中太阳纹饰，寓意着光明、温暖、阳光。建筑是人们生活中不可缺少的重要部分，就像人们离不开阳光一样，把铜鼓中太阳的纹样运用到铅锤的装饰之中，更能体现阳光、建筑、人与人之间的密切联系。太阳周围采用壮族铜鼓中翔鹭纹，环绕而飞，体现了人与自然的和谐相处。

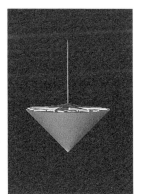

（四）麻将牌设计（设计：罗欢）

麻将牌是千百年来由多种棋牌活动融合、演变而成的，然后，在清代道光至清末时期，形成了一套144张牌和每把13张的定型打法。最初麻将牌的图案选取的是《水浒传》中的108个好汉。

从麻将牌的牌面图案设计来考量，其实麻将牌中的每一张牌的

图案都有某种寓意,暗含了某一种中国传统文化的诉求。

铜鼓是广西少数民族世代相传的独特器物,久远的岁月使铜鼓在先民心中不仅是一种器乐,也包含着权力的荣耀、财富的象征,并演变成少数民族虔诚祀礼的神器。铜鼓以它雄浑的音色给许多少数民族带来欢乐和鼓舞,它以庞大的身躯和瑰丽的纹饰惊艳世人,铜鼓所蕴藏的民族力量和民族精神让我们为之倾倒。时光流逝,古老的铜鼓声声不息、千古不灭,置身于广西的少数民族山寨中仍可以领略到那伴着粗犷节奏而深沉辽阔的鼓声。

从麻将牌的组合设计来分析,一副麻将牌中的任何一张牌都有着特殊的意义和作用,具有鲜明的中华传统文化的特点和意境。铜鼓身上的纹饰主要表现少数民族的崇拜物与民族风情。把铜鼓图案与麻将相结合,让人们在娱乐的同时感受中国源远流长的传统文化。

(五)钥匙扣设计(设计:罗欢)

钥匙扣是挂在钥匙圈上的一种装饰品,又称锁匙扣、钥匙圈、钥匙链、钥匙挂等。制作钥匙扣的材料一般为金属、皮革、塑料、木头等。钥匙扣造型多样,比如卡通造型、品牌造型、仿真模型等。此物俏丽小巧、造型变化多端,是人们每天随身携带的一样日常生活用品,也是一种亲朋好友之间奉送的礼品。

附图二 铜鼓元素设计作品欣赏

铜鼓是壮族最有代表性的文化遗产。而铜鼓身上丰富的纹饰,则像一座无比丰富的资料宝库,储存着壮族古代社会生活的众多信息。

将钥匙链与铜鼓造型

相结合,不仅携带方便,还能了解我国少数民族丰富的文化遗产,接受优秀的民族文化传统教育,树立爱国主义思想,弘扬民族精神,提高中华民族的自豪感。

(六)茶几设计(设计:吴恒)

此设计是以广西壮族的铜鼓为元素设计的茶几。茶几由桌面与桌脚两个部分组成,桌面是一块圆形玻璃,玻璃上装饰着铜鼓上最具代表性的太阳纹饰,桌脚是由四块铜鼓翔鹭纹形状的不锈钢片组成,四只翔鹭支撑着上方的圆形桌面,同时又作为地面支撑物。

整个作品线条感强,干净简洁。现代化的材料与铜鼓传统纹饰造型相结合,充分体现了现代与传

统的结合。

（七）爆竹设计（设计：仲炳城）

鞭炮起源至今有一千多年的历史，在没有火药和纸张时，古代人便用火烧竹子，使之爆裂发声，以驱逐瘟神。鞭炮在各个历史时期叫法不同，称谓从爆竹、爆竿、炮仗一直到鞭炮。在现代，我国人民在传统节日、婚礼喜庆、各类庆典、庙会活动等场合几乎都会燃放鞭炮，特别是在春节期间，鞭炮的使用量和范围都最大。

此设计灵感来源于铜鼓，凸显吉祥之气、文化传承为意、融阳文之形、历史为骨、艺术为翼，喻意中华文明弘扬百世。

（八）手机保护套设计（设计：朱晓功）

科技的迅猛发展使手机的发展也进入了一个全新的发展阶段。从休闲日用到商务办公，不管是市井平民还是成功人士，在大街、学校、医院、楼层等，手机无不闪现着它的倩影。经济的全球化，人与人之间联系的密切化，追求的多样化也必将促使手机的风格、款式、造型的多彩化发展。

本次设计的手机保护套为塑料材质,塑料具有质量轻、强度高、耐腐蚀、绝缘性好、易着色、易加工的特点,并且生产率高、价格低廉。在颜色上采用了五种配色,分别为深紫、淡黄、天蓝、浅绿、奶白这些较为活泼的颜色。图案采用广西铜鼓上的太阳纹饰,给人以具有文化底蕴和青春活力的感觉。

(九)手表设计(设计:覃小梅)

把铜鼓元素运用到现代手表设计里,不失传统又具现代美感。鼓面和翔鹭纹的运用给人一种复古的感觉,太阳纹的运用突出了表盘的中心。

（十）挎包设计（设计：曾梦涯）

现代挎包是女生外出必携带的必需品，对于包的图案设计也是吸引女顾客的着重点之处。将中国传统文化与现代生活设计相结合，既能传承和发扬中国传统文化，又能满足人们的日常需求。

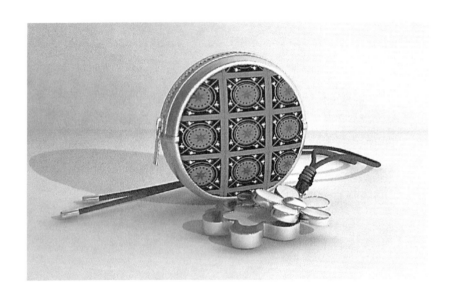

图书在版编目(CIP)数据

铜鼓文化与现代设计/贾朝红,张茹编著.—上海:复旦大学出版社,2016.6
(区域文化与传播丛书)
ISBN 978-7-309-12255-8

Ⅰ.铜… Ⅱ.①贾…②张… Ⅲ.①铜鼓-文化研究②铜鼓-设计-研究 Ⅳ.①K875.54
②TS953.37

中国版本图书馆 CIP 数据核字(2016)第 083637 号

铜鼓文化与现代设计
贾朝红 张 茹 编著
责任编辑/方尚芹

复旦大学出版社有限公司出版发行
上海市国权路 579 号 邮编:200433
网址:fupnet@fudanpress.com http://www.fudanpress.com
门市零售:86-21-65642857 团体订购:86-21-65118853
外埠邮购:86-21-65109143
江苏凤凰数码印务有限公司

开本 890×1240 1/32 印张 7.75 字数 165 千
2016 年 6 月第 1 版第 1 次印刷

ISBN 978-7-309-12255-8/K·570
定价:30.00 元

如有印装质量问题,请向复旦大学出版社有限公司发行部调换。
版权所有 侵权必究